유쾌한 수의사의
동물병원
24시

이 책을 쓴 **박대곤**은 1968년생으로 직업은 수의사다. 1996년 서울 광진구 군자동에 수 동물병원을 개원했고, 2012년부터는 방배동 다울 동물병원에서 일하고 있다. 수의사 업무 외에도 인터넷 동물 용품 쇼핑몰, 동물병원 관리 프로그램 개발, 동물병원 고객 교육용 프로그램 제작, 동물 카페 등 다양한 일을 해 왔고, 한국수의간호아카데미를 설립하여 수의테크니션을 육성하는 데도 힘을 기울였다. 2007년부터는 동물병원 전문 컨설턴트로도 일하고 있다.

그가 수의사라는 본업 이외에도 이런저런 일을 벌였던 데는 다 이유가 있다. 사람들의 동물에 대한 지식 부족, 수의사라는 직업에 대한 인식 부족으로 여러 가지 억울하고 짜증 나는 일이 많은 터에 수의사로서 삶을 살아가기로 결정한 이상 문제가 있으면 스스로 해결해야 한다고 생각했기 때문이다. 지금은 동물병원 임상 현장을 떠나 MBA 과정을 밟고 재무 컨설턴트로 일하면서 마케팅과 고객 관리, 경영 등을 공부하고 있는 이유도 그 연장선 위에 있다.

이 책에는 작은 동물병원에서 일어나는 따뜻하고 감동적인, 유쾌하면서도 여운이 있는, 동물과 사람들이 함께 빚어낸 여러 에피소드가 가득하다. 이 책의 주인공은 필자가 아닌 수 동물병원을 거쳐 간 수많은 사람들과 동물들인 셈이다.

유쾌한 수의사의 동물병원 24시

2005년 8월 31일 초판 1쇄 발행
2023년 5월 1일 초판 12쇄 발행

지은이 박대곤
펴낸곳 부키(주)
펴낸이 박윤우
등록일 2012년 9월 27일 등록번호 제312-2012-000045호
주소 03785 서울 서대문구 신촌로3길 15 산성빌딩 6층
전화 02) 325-0846
팩스 02) 3141-4066
홈페이지 www.bookie.co.kr
이메일 webmaster@bookie.co.kr
제작대행 올인피앤비 bobys1@nate.com
ISBN 978-89-85989-85-5 03810

잘못된 책은 구입하신 서점에서 바꿔 드립니다.
책값은 뒤표지에 있습니다.

유쾌한 수의사의

동물병원 24시

박대곤 지음

온 동네 개들이 미워하는 작은 병원 동물의사의 좌충우돌 일기!

부·키

머리말

"저는 수의사입니다."

사람들이 내게 직업을 물어보면 이렇게 대답한다. 난 수의사니까.

그런데 내 대답을 들은 사람들의 반응이 상당히 재미있다. 동물을 좋아하는 사람들은 눈을 반짝이면서 한 발 앞으로 다가와 이것저것 묻기 시작한다. 갑자기 상담 분위기가 된다. 반대로 동물을 좋아하지 않거나 싫어하는 사람들은 '수의사? 그게 뭐지?' 하는 표정을 하며 심드렁한 반응을 보인다. 세상의 많은 직업 중에 사람들이 이렇게 극단적인 반응을 보이는 경우는 그다지 많지 않은 것 같다.

1994년 수의과 대학을 졸업한 후 소동물 임상 수의사의 길로 들어선 지 어느덧 11년차가 되었다. 스무 살에 수의과 대학에 입학했으니 그때부터 치면 거의 인생의 반을 수의사로 살아온 것이다.

동물을 좋아하는 사람이라도 동물에 대해, 수의사라는 직업에 대해, 동물병원에서 일어나는 일에 대해서는 잘 모른다. 요즈음 미디어에서 각종 동물 프로그램이 유행하면서 수의사의 미디어 노출 역시 늘어났지만, 수의사가 하는 일에 대한 이해는 여전히 부족한 것 같다.

어느 직업이나 애환이 있겠지만, 사실 우리나라에서 수의사라는 직업인으로 사는 데에는 생각보다 어려운 일들이 참 많다. 생명을 다루는 직업적인 특성에서 오는 스트레스, 밤낮 없는 진료 시간, 동물병원 경영상의 어려움…. 그러나 무엇보다도 나를 힘들고 안타깝게 만드는 일은 많은 사람들이(동물을 기르든 기르지 않든 간에) '동물의 생명'을 하찮게 여기고 있다는 사실이다. 기르던 동물이 아프다고 길거리나 병원 앞에 버리는 사람들, 전문가인 수의사보다 인터넷의 근거 없는 정보나 주위 사람들의 충고를 더 신뢰하며 동물을 임의 진료하는 사람들, 동물을 장식용이나 장난감 혹은 소모품으로 취급하는 일부 사람들, 명백한 근거와 합리적인 판단으로 제시한 병원비를 내지 않고 사라져 버리는 사람들….

사람들은 동물의 질병이 사람의 질병에 비해 간단하다고 생각하는 것 같다. 그러나 동물의 질병은 사람의 질병에 비해 간단하지도 않고 치료하는 과정 역시 쉽지 않다. 동물을 치료할 때에도 사람과 마찬가지로 꼭 필요한 여러 과정을 거쳐야 하는 것이다. 하지만 보호자들은 최대한 '간단히' '적당히' 치료하기를 원하는 경우가 많다. 사람들도 제대로 치료를 받지 못해 죽어 가는 세상에서 그까짓 동물 한 마리 아픈 걸로 웬 호들갑이냐고 묻는다면 할 말이 없다. 하지만 생명은 누구에게나, 그 무엇이든 소중한 것이다.

동물병원은 동물의 질병을 치료함으로써 사람의 마음을 치료하는 곳이라고 나는 생각한다. 동물을 사랑할 줄 아는 사람이 사람도 사랑할 수 있을 것이라고 믿는다.

사람들은 여러 가지 이유로 동물들과 함께 생활하면서 많은 일을 경험한다. 함께 생활하는 동물들로 인해 기쁨을 누리기도 하고, 행복에 젖기도 하고, 슬픔을 느끼기도 한다. 나 역시 그렇다. 동물병원에서 일하는 동안 사람 같은 동물도 있고 동물 같은 사람도 있다는 것을 종종 느끼곤 했다. 동물을 통해 사람의 잔인함도 보았고 사람이 왜 사람인지에 대해서도 알게 되었다.

이처럼 동물병원에서는 많은 일들이 일어난다. 수많은 보호자들을 대하고 또 많은 동물들을 치료하다 보면 이야기꽃이 만발한다. 그 이야기들을 여러 사람들과 함께 나누고 싶어 우리 병원 홈페이지에 동물병원 일기를 쓰기 시작했다. 그것이 이 책의 시작이다.

이 책은 수의사로서 동물병원을 운영하면서 겪었던 일과 느낀 점 등을 솔직하게 쓴 글이다. 나 역시 수의사이니 세상을 보는 눈이, 동물에 관련된 일들을 보는 시각이 주관적일 수밖에 없을 테지만, 최대한 객관적인 시각으로 쓰려고 노력했다.

이 책에는 수의사 초년병 시절부터 지금까지, 수의사로 일하면서 지금도 여전히 계속되고 있는 내 고민이 오롯이 담겨 있다. 다만 예전의 일기들은 지금의 상황과는 약간 맞지 않는 부분도 있고, 개인 홈페이지에 자유롭게 쓴 글이라 거칠고 적나라한 표현도 적지 않을 것이다. 그 점을 감안해서 읽어 주었으면 한다. 그리고 작은 소망이 하나 있다면, 동물의 질병에 대해 보다 자세히 알고 싶어하는 분들에게, 또 수의사라는 직업에 대해 좀더 깊이 있는 이해를 바라는 분들에게 이 책이 조금이라도 도움이 되었으면 하는 것이다.

참, 감사한 사람들을 빼먹을 뻔했다. 항상 나를 믿고 응원하는 아내 정연미, 딸 은서, 아들 종서에게 가장 고맙다. 기도로써 도와주시는 아버지, 어머니, 장인어른, 장모님과 형, 누나, 동생, 처형, 동서, 처남에게도 감사한다. 동물병원에서 함께 일하는 서지영 원장, 박상민 간호사, 박말숙 간호사, 김성은 미용실장에게도 감사한다. 아! 이 책에 실린 사진들을 직접 찍을 수 있도록 도와주신 삼백디 클럽(http://300dclub.com) 대장님과 회원분들을 비롯해 너무 많아 도저히 일일이 열거할 수 없는 분들께도 이 기회를 빌려 한꺼번에 인사드린다.

"저를 아는 모든 분들! 정말 감사드립니다."

(저자 머리말을 멋지게 쓰려고 했는데 쉬운 일은 아닌 것 같다.^^)

2005년 8월
동물을 사랑하는 수의사 박대곤

차례

4 · 머리말

13 · 1장 온 동네 개들이 나만 미워해!
1998년 12월~1999년 3월

15 · 제발 내 말을 믿어 주오!
21 · '속' 보이고 '속' 뒤집는 보호자들
28 · 옷은 백화점에서, 동물은 길거리에서?
32 · 어둠 속에 벨이 울릴 때 1
38 · 어둠 속에 벨이 울릴 때 2
42 · 미용은 해도 예방접종은 안 한다?
47 · 동물병원에서 하지 말아야 할 것들
51 · 동물병원에서 만난 가장 고약한 사람
56 · 죠스, 개로 다시 태어나다!
59 · 미아는 파출소, 유기견은 동물병원?
62 · 수의사의 실수는 범죄 행위다!
65 · 이 땅에서 수캐로 산다는 것은
70 · 개는 왜 똥을 먹을까?
73 · 개의 귀를 살펴보자!
77 · 온 동네 개들이 나만 미워해!
80 · 긁적긁적 긁적긁적
85 · 개에게 술 먹이지 맙시다!
88 · 동물들의 명절 증후군
92 · 개는 억울하다!
95 · 제발 밥 좀 먹여요!

개가 나쁜가? 사람이 나쁘지! · 99
때로는 가제트 팔이 갖고 싶다 · 103

2장 수의사는 똥을 두려워하지 않는다! · 109
1999년 4월~1999년 12월

수의사 국가 고시 작전 · 111
작은 동물병원 수의사의 고민 · 117
수의사는 똥을 두려워하지 않는다! · 121
수의학도의 여자 친구는? · 124
어리게 보면 다쳐! · 128
개와 애인의 공통점 · 132
정말 그랬을까? · 142
어느 수의사의 강박 관념 · 145
중성화 수술 에피소드 · 149
난자는 어디에 있어요? · 153
병원 감염을 조심합시다! · 156
한 사건 세 시선 · 159
도둑과 개 · 162
기술자 신드롬, 수의사 신드롬 · 166

3장 엽기 병원 엽기 고객 · 169
2000년 1월~2001년 12월

몸을 던져 막아라! · 171

175 · 손님도 아닌 것이, 스태프도 아닌 것이
179 · 모기가 싫어! 모기가 미워!
183 · 뭐가 그렇게 비싸냐고요?
188 · 사람은 자신이 보고 싶은 것만 본다
191 · 어둠 속에 벨이 울릴 때 3
193 · 잃어버린 개를 찾는 방법
198 · 개도 짖을 권리가 있다!
201 · 까만 개? 하얀 개?
204 · 너희 개 잡종이지?
207 · 좀 알고 다닙시다!
210 · 피하고 싶은 안락사
213 · 동물 용품, 이렇게도 사용한다
219 · 공공의 적

225 · 4장 모든 생명의 가치는 동일하다
2002년 1월~2002년 12월

227 · 도대체 왜 그걸 먹었니?
229 · 수의사는 귀신이에요?
233 · 약 할 거니까 안 돼요?
235 · 어이, 명랑아~ 이리로 와야지
238 · 꽃님아, 만날 피만 빼서 미안하다
241 · 동물병원마다 치료비가 다른 이유
246 · 자두 씨 제거 작전
249 · 개도 성형 수술을 할까?

우리 동네 치킨 가게 착한 아저씨 · 252
머키아 이야기 · 256
복수는 아줌마의 것 · 259
그냥 닦으세요! · 264
치료는 누가 하는가? · 265
건강하다는 것은 · 268
사기 분양, 속지 맙시다! · 270
나한테 어쩌라고… · 274
몽룡이, 아기 낳다! · 279

5장 수의사는 무엇으로 사는가 · 283
2003년 1월~2005년 5월

바비와의 2박 3일 · 285
세상을 바꾸는 작은 힘 · 290
엽기적인 그녀? 아니, 그 아주머니 · 292
직업은 못 속여 · 295
소꿉놀이 대신 동물병원 놀이 · 298
꼭 병원에 가야 해요? · 299
교수님, 진짜 다 외웠어요! · 303
스컬리와 파괴지왕 · 306
사람 수술과 동물 수술은 다르다? · 309
방울이 이야기 · 312
수의사는 무엇으로 사는가 · 317

유쾌한 수의사의
동물병원
24시

1장

온 동네 개들이 나만 미워해!

1998년 12월 ~ 1999년 3월

제발 내 말을
✻ 믿어 주오!

|1998|12|29|

학교를 졸업하고 세월이 흐르면, 이상하게도 잘 해 주신 선생님보다는 학생들을 괴롭히고 악명 높았던 선생님만 기억이 난다. 동물병원에서도 그렇다. 좋은 보호자보다는 골치 아픈 보호자들이 기억에 남는다.

작년 8월 말쯤 스쯔 한 마리가 내원을 했다.

"아저씨!" (수의사들이 제일 싫어하는 호칭이다.)

"네에, 어떻게 오셨어요?" (그래도 웃으면서… 최대한 친절하게…. 이런 내가 싫다!)

"누구한테 받은 개인데요…. 임신했는지 봐 주세요."

개의 임신 여부는 교배 후 25일은 지나야 알 수 있다. 만약 시집을 보냈다면 교배 날짜를 잘 계산하여 25~30일 후에 초음파 검사를 하라. 임신이라면 칼슘과 철분이 포함된 영양제를 먹이면 된다. 임신에 실패한 경우 개가 상상 임신의 증상을 보일 수도 있으니, 영양 관리를 잘해서 비만견이 되거나 입맛이 까다로운 개가 되는 것을 막아야 한다.

"시집은 언제 보냈어요?"

"몰라요."
"주신 분과 연락은 되나요?"
"아니요."
주인이 아무런 정보도 주지 않으면 참 난처하다. 하지만 이런 경우는 많다. 개는 말을 안 하고 주인은 모른다? 그럼 난 어떡하라고? 수의사는 점쟁이가 아니다. 그런데 수의사가 난감해 하면 꼭 이런 보호자는 '당신 수의사 맞아?' 하는 표정을 짓는다. 나 원 참.
"개 데려온 지는 얼마나 됐어요?"
"두 달 반 됐나?"

개의 임신 기간은 63일 전후다. 이 개가 임신을 했다면 벌써 새끼가 태어나고도 남을 기간이다. 그런데도 배는 불룩하다? 그렇다면 분만이 비정상적으로 늦어지거나 다른 문제가 있다는 뜻이 된다.

"초음파 검사를 해 봅시다."
"개도 초음파 해요?"
왜 동물의 질병은 사람의 질병에 비해 간단하다고 생각하는 것일까. 사람의 경우에는 혈액 검사, 엑스레이 검사, 초음파 검사, 컴퓨터 단층 촬영(CT)을 비롯해 그 외에 이름도 무시무시한 각종 검사를 하지 않던가. (그래도 질병으로 판정되는 경우는 그리 많지는 않은 걸로 알고 있다.) 그런데 동물병원에는 개 얼굴만 보고 병명을 알아내고 치료까지 하라고 요구하는 사람들이 많이 온다. 때문에 검사라도 한 가지 하려면 침 튀겨 가며 이런저런 장황한 설명을 해야 한다.

어쨌든 초음파 검사를 했다. 주인의 주장과는 달리 뱃속에 강아지가 없었다. 어디로 갔을까? 임신이 아니라 자궁축농증이었던 것이다.

자궁축농증은 쉽게 말해 자궁에 화농성 삼출물(고름)이 차 있는 병으로, 주로 한 번도 임신한 적이 없는 나이 든 암캐에게서 많이 나타난다. 난소에서 황체 호르몬이 오랫동안 비정상적으로 분비되거나 세균에 감염되는 것 등이 그 원인이다. 자궁축농증에 걸리면 잘 먹지 않고, 물을 많이 먹고, 오줌을 많이 싸고, 구토를 자주 하고, 배가 이상하게 불룩해지고, 음부가 커지고 노란색의 분비물이 음부 주위에 보이며(전혀 보이지 않는 경우도 있다.), 체온이 약간 상승하는 등의 증상을 보인다.

스쯔는 자궁이 상당히 커져 있었다. 수술을 해서 난소와 자궁을 모두 들어내야 할 상태였다.
"수술을 해야 합니다."
"엥~ 수술? 임신 아녜요?"
"임신이라면 벌써 새끼가 나왔어야죠. 이거 보세요. 새끼의 흔적이 전혀 없잖아요. 만약 새끼가 있다면 골격이나 심장의 박동이 초음파 검사로 보여야 하는데, 보여요? 자궁축농증이 굉장히 심한 상태라고요."
"그래도 임신인 것 같은데…."
다시 장황한 설명…. 난 인내심이 아주 강하다. ^^
"그럼 수술비는 얼마나 해요?"
"○○○원입니다."
"생각 좀 해 보고 올게요."

이런 경우 대부분 안 온다. 날 믿지 못하는 것이다. 이런 사람들은 수의사의 말보다는 주위 사람들이나 애견 센터의 말을 믿는다. 역시 안 왔다.

한두 달쯤 후에 전화가 왔다.
"아저씨, 전에 그 스쯔 있잖아요, 자궁축농증이라고 수술하자고 했던 그 스쯔요."
"네, 왜 안 오셨어요?"
"아저씨가 오진했어요."
"네?"
"그때 아무래도 이상해서 '잘한다'는 애견 센터에 갔거든요. 그 사람이 애견 센터를 한 지 '오래돼서' 어지간한 수의사보다 잘해요. 거기서 발정이라고 해서 교배를 시켰어요. 지금 임신했어요. 그냥 있으려다가 아저씨한테 알려 드리려고 전화한 거예요. 그때 수술했으면 큰일 날 뻔했어요. 지금 임신해서 배가 빵빵하니까 곧 낳겠죠."

오잉~~, 이게 도대체 뭔 소리여? 사람 돌겠군. 가만, 계산을 해 보자. 그때가 8월 말, 바로 교배를 시켰다? 지금이 11월 말이니까 교배한 지 석 달이 지났네. 그런데 배가 빵빵하고 임신이 되었다? 이런 상황에서는 수의사라면 누구든 제정신이 아니게 된다. 물론 수의사도 사람이니 오진이 없을 수는 없다. 그러나 이 경우에는 누가 봐도 말이 되지 않는다. 이런 모욕적인 전화를 받고 가만히 있을 내가 아니다!
"그래요…. (최대한 상냥하게) 그렇다고 칩시다. 나도 사람이니까 일단 오진했다고 합시다. 그럼 병원에 한번 와 보세요. 제가 다시 초음파 검사를 해 드릴게요. 무료로 해 드릴게요."

자궁축농증으로 수술을 받은 앵두가 건강해져서 오늘 퇴원한다. 눈빛이 훨씬 똘망똘망해졌다. 잘살아야 한다, 앵두야.

일단 병원으로 오게 만들어서 누명을 벗어야 한다는 계산에서 한 말이다. 사람은 누구나 공짜를 좋아하니까. 아무리 생각해도 그냥 이렇게 바보가 될 수는 없다! 나랑 미용사 언니는 얼굴을 마주 보며 벼르고 있었다. 오기만 해 봐랏!

드디어 왔다!

"어서 오세요. 어디 한번 봅시다."(상냥한 얼굴로, 최대한 상냥한 얼굴로….)

일단 복부를 촉진(손으로 만져 진단하는 것)했다. 자궁축농증이 심해져 복부가 더 빵빵한 상태였다. 역시 난 돌팔이가 아니었어. ^_^

다시 초음파 검사를 한 후 지난번 사진과 비교해서 보여 주었다.

"이렇게 상태가 더 나빠져서 배가 더 부른 거라고요. 이번엔 진짜 수술을 해야 합니다."(큰소리 빵빵!!)

"그래요…."(기어들어 가는 목소리)

고스톱 쳐서 수의사 면허를 딴 게 아니라고! 아무려면 동네 아저씨보다 내가 더 모를까 봐? 이번에는 수술을 하겠지….

"조금 있다가 올게요."

역시 안 되는구나. -_-;; 그날 이후 이 보호자는 소식이 없다. 그 스쯔는 어떻게 되었을까?

어쨌거나 이 일로 나는 고객이 수의사를 믿지 못하면 수의사가 어떤 논리적인 설명과 과학적인 검사 결과를 제공한다 해도 바람직한 진료를 할 수 없다는 교훈을 얻었다. 서로 믿고 사는 사회가 되면 좋겠다.

'속' 보이고
'속' 뒤집는 보호자들

| 1998 | 12 | 30 |

우리 병원 건너편에 동물병원이 하나 있다. 우리 병원보다 일 년 반 정도 먼저 생겼나? 우리 병원이 생기기 전에는 꽤 잘 되었나 보다. 우리 병원이 생긴 다음부터는 아무래도 매출이 줄었겠지. 조금 미안하기는 했지만 마땅히 다른 장소가 없어 이곳에 개업을 했다. 그런데 지난 11월, 근처에 제3의 동물병원이 생겼다. 좁은 지역에 동물병원이 세 곳이나 되다 보니 보호자의 유형도 매우 다양하다.

유형 1. 쇼핑형!

일명 'Doctor shopping'이라고 들어나 봤으려나? 세 병원을 번갈아 도는 유형으로 제일 반갑지 않다.

"선생님~~~." (이럴 때만 선생님이라고 한다. 유난히 친한 척하면서.)

"여기저기 다 다녀 봐도 이 병원이 제일 좋아요~." (아부성 발언이다.)

"아유~ 저 병원에 갔더니…." 이러쿵저러쿵 조잘조잘….

초보 수의사라면 이런 보호자에게 홀딱 넘어가기도 하지만 난 아니다. 나는 근처의 두 동물병원 원장들과 어느 정도 교분이 있다. 같은 일을 하는 사람들이니까. 또 내가 만든 동물병원 관리 프로그램을 쓰고 있으니, 이 사람들은 나의 경쟁자인 동시에 고객도 되는 셈이다. (간혹 이 이야기를 하면 다들 '경쟁 병원 운영에 도움이 되는 프로그램을 판매하다니, 바보 아냐?' 하는 눈초리로 나를 본다. ㅡㅡ;; 한마디로 모자라는 사람이라는 거다. 어쨌든 내가 그런 건 사실 다 이유가 있어서다. 내가 만든 프로그램을 사용한다는 핑계로 가끔 놀러 가서 "프로그램 문제 없어요? 점검 좀 할게요." 하면서 그 병원 고객 리스트도 대충 쭈욱 훑어 누가 이 병원으로 다니는가도 보고…. 내가 좀 약았다. ㅎㅎ)

쇼핑형 보호자 중에 유명한 아주머니 한 분이 있다. 왕년에는 명동에서 '자~알' 나가는 큰 미용실을 운영하다가 사정상 화양리에서 조그마한 미용실을 개업한 아주머니인데, 서울에 있는 동물병원 중 안 가 본 데가 없단다. 그 병원은 어떻더라, 저 병원은 어떻더라, 이야기보따리를 풀기 시작하면 수습이 안 된다. 우리나라 동물병원의 문제점부터 개선점, 앞으로 나아가야 할 방향까지…. 목소리는 또 얼마나 우렁찬지 그분이 왔다 가면 삼사십 분은 귀가 먹먹할 정도다. 그 아주머니에 의해 해부된 병원이 몇이고 해고된 수의사는 또 얼마인지.

이 아주머니의 또 다른 레퍼토리는 신세타령이다. 한번 시작하면 끝이 없다. 다른 보호자들 붙잡고 눈물까지 흘려 가며. 올 때마다 매번 그런다. 다른 병원 원장에게 이 아주머니 이야기를 했더니, 원장 왈 "요즘 안 보인다 했더니 수 병원에 갔군요." 하면서 자기네 병원에서도 그랬다며 웃는다. 으음…, 요즘 이 아주머니가 안 보인다. 아마 또 다른 병원에서 열심히 우리 병원 해부를 하고 있겠지?

얼마 전, 새로 개업한 제3의 병원에서 이 아주머니를 보았다. 아주머니는 원장님께 무언가 열심히 이야기를 하고 있었고, 원장님은 내가 지

었던 예의 그 표정으로 "예~ 예~." 하면서 듣고 있었다. 난 다 안다. 무슨 이야기인지. ^_^;;

유형 2. 귀찮아 형!

"이 개는 새끼 때부터 얼마나 많이 아팠는지, 아마 병원비만 해도 몇 백만 원은 들었을 거예요. 차라리 죽어 버리기나 하지." (하지만 난 안다. 절대 몇 백만 원은 안 들었다는 거. 그리고 그 뒤에 무슨 말을 할지.)

"이제 귀찮아요. 대충 치료해 줘요. 그리고 싸게 해 줘요. 너무 돈이 많이 들어요." (거봐…, 내가 이럴 줄 알았어. 아니, 우리 병원에서 그렇게 치료비를 많이 썼나? 그러면 나 부자 됐게? 왜 나한테 와서 이런 소리야? 그래도 겉으로는 웃으며 말한다.)

"그래도 그렇게나 많이 들기야 했겠어요." (이런 내가 정말 싫다!)

"아유, 말도 말아요. 어느 병원에선 며칠 입원해서 몇 십만 원, 또 다른 병원에서는 치료비만 몇 십만 원…."

나 참, 그 병원에 가서 치료 방법 좀 배워 올까 보다. 어떻게 하면 그렇게 돈을 많이 쓰게 할 수 있는지….

대개 이런 보호자들의 말은 '뻥!'이다.

유형 3. 화장실형!

화장실 들어갈 때와 나올 때 맘이 다르다는 말이 꼭 맞다.

상태가 아주 안 좋은 강아지가 들어온다.

"원장님, 우리 강아지 좀 살려 주세요. 치료비는 얼마든지 들어도 좋아요."

개의 종류에 따라 생김새도 성격도 다른 것처럼, 또 같은 종류라 해도 성격이 다른 것처럼 사람도 마찬가지다. 동물병원에 오는 사람들 역시 천차만별이다. 그런데 재미난 것은 보호자와 그 보호자가 키우는 동물이 닮았다는 점이다. 성격뿐 아니라 생김새까지….

"어디 좀 봐요."

체온을 재고, 심음(심장이 뛰는 소리)을 체크하고, 이런저런 상황에 대해 물어본다.

대개는 이런 경우다. 강아지를 샀다. 주로 수상한 곳에서. 그 경우 일주일 정도는 아무것도 하지 말고 강아지를 그냥 내버려 두어야 한다. 목욕도 시키지 말고, 데리고 돌아다니지도 말고, 만지지도 말고, 다른 개와 접촉도 하지 말고, 예방접종도 시키지 말고, 사람이 먹는 음식도 먹이지 말아야 한다. 새로운 환경에 대한 적응 시간이 필요하기 때문이다. 가장 발병률이 높고 몸이 약한 시기이므로 주의, 또 주의해야 한다. 그런데 대부분의 사람들은 이를 지키지 않는다. 씻기고 먹이고 만지고 데리고 나가 자랑하고…. 개는 설사하고 토하고… 결국 쓰러지고 만다.

"무슨 병이에요?"

이 사람 성격하고는…. 얼굴만 보고 무슨 병인지 어떻게 아나? 의사가 사람 얼굴만 보고 무슨 병인지 아나? 당신은 여러 명 쭉 세워 놓고 다리만 보여 주면 누군지 맞출 수 있어?

"예방접종도 안 된 어린 강아지라서 치료 경과는 지켜봐야 합니다. 탈수가 심하니까 먼저 탈수 교정을 하고, 변을 보면 변 검사도 해 봐야죠. 기생충 감염이 원인일 수도 있고, 세균성 장염이 원인일 수도 있고, 스트레스성일 수도 있고, 바이러스성일 수도 있고…."

또 장황한 설명. 난 설명을 너무 장황하게 한다. 어차피 보호자는 듣지도 않는데.

"어쨌든 잘 봐 주세요."

제법 눈물까지 보이며 집으로 돌아간다.

사실 어린 강아지는 치료가 힘들다. 워낙 약하기도 하고, 혈관도 아주 작아 혈관 내 수액 라인 장착도 힘들고. 그래도 사나흘 열심히 치료하면 대부분 좋아진다.

문제는 이제부터다.

"치료비는 얼마예요?"

"○○○원입니다."

"네에~~~? 뭐가 그리 비싸요? 동물병원은 보험 안 돼요? 이것만 받으세요! 자, 가자!"

난 운다. ㅠ.ㅠ 입원실 안에 들어가 스태프 모르게…. 누구는 병원비 못 받으면 개를 안 준다던데, 나도 그렇게 할까? 누구처럼 입원비를 선불로 받을까? 난 땅 파서 병원 하나?

유형 4. 윽박형!

진료를 하다 보면 가끔 치료하던 개가 죽기도 한다. 사람이 하는 일인데, 다 살릴 수야 있나?

"치료비는 ○○○원입니다."

"뭐! 치료비? 무슨 치료를 했는데? 죽었잖아!"

그냥 간다. 죽었으니 치료를 안 한 거라고? 그러니 병원비도 받지 말라고? 사람이 병원에서 죽으면 치료비 안 내나? 수의사는 싸움도 잘해야 한다. 근데 난 싸움을 잘 못한다. 또 운다. ㅠ.ㅠ

유형 5. 애교형!

이 경우는 그나마 좀 낫다. 주로 젊은 아가씨 보호자들이 이 유형에 속한다.

"아이~ 원장니임~~, 좀 깎아 주세요. 자주 올게요. 아잉~~~."

어허~~~~. 다른 스태프 눈치도 봐야 하고 아내 눈치도 봐야 한다. 그런데 대개는 당한다. 난 왜 이리 여자 보호자에게 약할까?

유형 6. 맹신형!

제일 편하기는 하지만 부담스러운 유형이다.

맹신형 보호자들은 내가 하는 말은 다 믿는다. 게다가 다른 사람들에게 우리 병원 '참 잘한다'며 광고까지 해 준다. 가끔 맛있는 것도 사 오고, 일이 없어도 지나가다 들러 놀다 가기도 한다. 이런 보호자들만 있다면 살맛이 날 거다.

그런데 가끔은 상처를 입을 수도 있다. 이런 유형의 보호자 중 한 명이 나한테 수십만 원의 거금을 빌린 후 사라져 버린 일이 있었다. 돈을 잃는 것도 속상하지만 사람을 잃는다는 게 더 슬프다.

아내에게는 비밀이다. 아내는 아직 모른다.

그 외에도 여러 부류의 보호자들이 있다.

동물병원은 동물을 치료하는 곳이다. 그 동물을 보호자가 데리고 온다. 능력 있는 수의사는 아픈 동물을 잘 치료한다. 그러나 성공한 수의사는 보호자를 잘 다룰 줄 안다. 병원 일도 비즈니스다! 나는 앞으로도 성공한 수의사는 되지 못할 것 같다.

옷은 백화점에서,
동물은 길거리에서?

|1998|12|31|

동물을 가족으로 맞을 때는 심사숙고해야 한다. 품종의 특징이나 키우는 방법도 제대로 알아보지 않고 길 가다 즉흥적으로 '난 저게 좋아.' 하며 구입하면 대개 실패한다.

병원에 처음 오는 강아지의 60~70퍼센트 정도가 새로 분양 받은 강아지인데, 이게 또 천태만상이다.

장면 1.
"아이고~~, 어린 녀석이 왔네. 어디 보자. 언제 분양 받으셨어요?"
"어제요."
"어디서요?"
"시장에서요."
"어느 시장이요?" (보통 동대문 시장, 모란 시장, 길거리 등의 대답이 돌아온다.)
"왜요?"
"그냥 물어보는 거예요."
"강아지가 어제부터 설사를 해요. 토하지도 않고 잘 먹기는 하는데…."

"그래요? 체온 재고, 변 검사 해 봅시다."

다 그런 건 아니지만 시장에서 산 강아지들은 기생충 감염이 많다. 세균성 질병이나 바이러스성 질병에 걸린 녀석들도 많고. 현미경으로 분변 검사를 하면 대개는 회충이 나온다.

"여기 보세요. 이게 회충의 알이에요. 이 녀석은 회충 감염입니다. 다른 문제도 있을지 모르겠어요. 보통 복합 감염이 되는 경우가 많거든요. 먼저 회충 치료를 하면서 경과를 좀 봐요."

"어머, 어머, 어머! 징그러워라."

"이 약 먹이면 오늘 오후나 내일쯤 변에서 콩나물처럼 생긴 회충들이 나올 겁니다. 확인하시고 연락하세요."

"어머! 기생충 나오면 어떻게 만져요. 징그럽게."

어떻게 만지긴! 화장지로 잘 닦아서 버려야지.

장면 2.

"아저씨! 우리 강아지 좀 봐 줘요." (또 아저씨란다.)

"왜요?"

"우리 개 예쁘죠? 두 달 됐는데 요렇게 작아요."

자랑스럽게 이야기한다. 대개 아가씨 보호자들이다.

"왜 이렇게 말랐어요?"

"작게 키우려고 조금만 먹였어요. 잘했죠?"

잘하긴! 당신이 굶어 봐! 배고파, 안 고파? 배고프면 힘이 있어, 없어? 기분 좋아, 안 좋아? 강아지 굶겨 죽일 일 있어? 속은 부글부글 끓지만 겉으로는 상냥하게 웃는다. (상냥하게 느끼려나?)

"아유, 그렇게 적게 먹이면 어떻게 해요? 마른 것 좀 봐요. 이러면 개가 신경질적이 되고, 배가 고프니까 바닥에 떨어진 것도 주워 먹어서 문제가 되는 거예요. 또 자기 똥을 먹을 수도 있어요. 쓰레기통을 뒤지기도 하고요. 한참 성장기인데 영양을 충분히 공급해 줘야죠. 이런 강아지들은 병에도 약해요. 좀 더 먹이세요."

"작게 키우면 예쁘잖아요."

대부분의 사람들은 작은 개를 좋아하고, 작고 예쁜 개를 기르고 싶어 한다. 그러면 처음부터 작은 품종을 선택하지, 왜 앞으로 더 커야 할 개를 굶겨 작게 만들려고 할까? 사람들이 이러니, 개 파는 곳에서도 아직 젖 먹으면서 엄마랑 함께 있어야 할 한 달밖에 안 된 강아지를 엄마 품에서 떼어 내 두 달 됐다고 하면서 팔지. 그렇게 산 어린 강아지를 적게 먹이고 굶겨서 병원에 오게 만들고.

언젠가 선배가 하는 병원에 놀러 갔더니 번식업자라는 사람이 이런 말을 했다.

"보호자가 강아지 아프다고 병원에 데려오면 너무 작고 약한 개를 샀다, 다음부터는 이런 개 사지 말라고 하냐? 그냥 조용히 치료만 해라. 아픈 개가 많아야 수의사도 먹고사는 거 아니겠어?"

목소리까지 높이며 열변을 토하는데 참, 웬 개똥철학? 누가 수의사 먹고사는 걸 걱정해 달라고 했나? (모든 번식업자들이 그렇다는 뜻이 아니니 오해 마시길.)

한번 생각해 보자. 설레는 마음으로 강아지를 샀다. 애지중지 키워야지 하면서. 그런데 이 녀석이 아픈 거야. 병원으로 휭하니 달려가겠지. 병원에서는 이런저런 이야기를 할 거고. 때로는 치료가 잘 되어 완쾌하기도 하지만, 병원 신세만 지다가 죽는 경우도 있다. 물론 번식업자는 강아지 팔아서 돈 벌고 동물병원도 치료비는 벌겠지. 그런데 그 주인의 마음은 어떨까?

'내가 강아지를 잘못 관리한 걸까? 며칠 같이 지내지도 못했는데…. 너무 슬프다.'

그 사람은 강아지를 가슴에 묻는다. 그 상처를 이기려고 한 마리 정도는 더 분양을 받는다. 그 후에도 이런 일이 반복된다. 그러면 그 사람은 다시는 동물을 키우지 말자고 결심한다. ㅠ.ㅠ 이런 경우를 종종 봤다.

어떤 직업이든 직업 윤리가 있다. 반려동물 분야도 예외는 아니다. 고객이 건강하고 씩씩한 동물을 친구로 맞이하여 함께 좋은 추억을 만들 수 있도록 해 주어야 하지 않을까? 일부러 아픈 동물을 속여 팔지는 않겠지만(가끔 그런 사람도 있다.), 사고방식부터 바꿔야 한다고 생각한다.

어둠 속에
✻ 벨이 울릴 때 1

|1999|01|01|

보통 퇴근하면서 병원 전화를 집이나 휴대폰으로 돌려놓는다. 야간에 발생하는 응급 상황에 대처하기 위해. 그러니 내게도 어둠 속에 벨이 울리는 상황이 종종 발생한다. 시간은 일정치 않지만 새벽 2시부터 4시 사이가 가장 많다. 밤 9시에 퇴근해 밥 먹고 TV 좀 보다가(가끔은 책도 읽는다. ^^) 유일한 취미인 '비디오 감상'을 한 후 새벽 한두 시에 잠자리에 드는 내 생활 리듬에 비추어 '맛있는' 잠에 빠져 든 바로 그때 '어둠 속에 벨'이 울린다.

"삐리리리~~~~~."

"여보세요?"

"거기 병원이죠? 아직 일하시나요?"

"아니요. 집인데… 왜 그러세요?"

(응급 상황이라면 평소에 다니던 동물병원에 전화를 해 보라. 밤이라고 발만 동동 구르지 말고…. 대부분 전화를 하면 연락이 된다.)

"우리 개가 새끼를 낳으려고 해요. 무서워요. 어떻게 해요?"

"진통은 언제부터 했어요?"

"낮부터 했는데 힘만 주고 안 낳아요. 너무 고통스러워해서 못 보겠어요. 수술해야 하나요?"

"일단 병원으로 오세요. 시간으로 보면 낳을 때가 됐는데…."

난 잠을 빨리 깬다. 번개같이 세수하고 입가에 묻은 침도 좀 닦고 머리 좀 비비고. 아내는 상당히 예민하다. 이 정도 상황이면 눈은 감고 있지만 잠은 이미 깼다.

"병원 가는 거야?"

"응."

"밤인데…."

"수의사의 길은 멀고도 험한 거여…. 잠자고 있어."

"빨리 와요. 힘들겠다."

"가 봐야 알지."

신혼 시절, 응급 전화 받고 나갈 때의 대화다. 그때 아내는 내가 밤에 나가는 걸 되게 싫어했다. 내가 잠도 못 자고 고생하는 게 안돼 보여서 그랬겠지? 역시 난 장가를 참 잘 갔어. ^_^

호황일 때에는 밤에 많이 나갔다. 밤에 나가면 대개는 응급 상황이고 수술을 하는 경우가 많아서 수입이 짭짤한 편이다. 난 착한 남편이라 꼬박꼬박 수입 보고를 한다. 이게 불행을 자초한 일이란 걸 알았을 때는 이미 늦었다. 마누라가 돈맛을 알았다. -_-;;;

요즈음은 불경기라 응급 전화가 거의 안 온다. 나보다 아내가 더 불안해 한다. 가끔 "요샌 왜 전화가 안 와?"라고 묻기까지 한다.

요새 밤에 나갈 일이 있으면 이런 대화를 나눈다.

"나 병원 간다."

"진짜 병원 가는 거야?" (아니, 그럼 야밤에 병원 가지 어디 가?)

동물병원에 오는 동물들은 무슨 생각을 할까? 위 사진에서 보이는 눈빛이 동물병원에 오는 동물들이 주로 보여 주는 눈빛이다. 무슨 일이 일어날지 두렵고 걱정스러운 눈빛…. 가끔은 즐거운 눈빛을 반짝이는 동물 사진을 찍고 싶다.

"그럼….."
"수술이야?"
"가 봐야 알지."
"갔다 와서 돈 보여 줘."
마누라 맞아? 나 장가 잘 간 거 맞아?
밤에 나간다고 해서 항상 큰 문제가 있는 것은 아니다. 별일 아닌데도 유난히 극성스러운 보호자가 불러내기도 한다. 그럴 때는 간단한 처치만 하고 돌아온다. 그런 날은 별로 손에 쥐는 게 없다. 이럴 때를 대비해서 지갑에 어느 정도의 돈을 꼭 넣고 나온다. 들어가서 보여 주려고. 난 비상금을 그런 용도로 쓴다. 다른 수의사들도 이렇게 사나? 나만 이렇게 살겠지? 말은 이렇게 하지만 아내는 참 좋은 여자다.

어, 이야기가 딴 곳으로 빠졌다. 여하튼 부리나케 병원으로 달려갔다. 전화했던 보호자와 개가 병원에 왔다. 난산이었다.
'낮부터 진통을 했는데 이제 연락을 하다니, 무심한 주인이구먼.'
먼저 배를 촉진했다. 새끼의 움직임이 느껴지면 새끼가 살아 있다는 뜻이다. 그러나 새끼가 여러 마리일 경우 촉진만으로는 정확히 진단하기가 힘들다.
"태아의 움직임이 별로 느껴지지 않네요. 시간이 지체되었으니 태아의 생존 여부를 먼저 알아봐야 합니다. 초음파 검사를 해 봅시다."
초음파 검사를 했다.
"보세요, 여기 팔딱팔딱 뛰는 게 보이죠? 태아의 심장이에요."
"어머~ 너무 신기하다."

"심장 박동이 너무 약하군요. 수술을 해야 할 것 같아요."

이때 보호자가 "그럼 빨리 해 주세요."라고 하면 일이 쉽게 풀린다. 그러나 쉽게 안 풀리는 경우가 훨씬 많다.

"수술이요? 불쌍해서 어떡해요. 자연분만은 안 될까요? 좀더 기다려 보면 안 될까요?"

"태아가 위험할 수도 있는데요. 만약 기다리다가 태아가 죽으면 어차피 수술을 해야 합니다."

"그래도 좀 기다려 주세요."

수술을 할 것인지, 자연분만을 유도할 것인지 결정하는 것은 참 어려운 문제다. 어미 개의 분만 경력 및 건강 상태, 출산 예정일, 진통 시간, 보호자의 심적 상태 등 여러 정황을 고려해 가장 적합하다고 판단되는 방법을 고객에게 권한다. 그러나 결정은 고객이 한다. 만약 잘못될 경우 고객은 수의사에게 책임을 묻는다. 고객이 싫다는데 내가 뭔 힘이 있겠나?

새벽 2시다. 3시까지 기다리자고 한다. 개의 상태를 주시하면서 기다렸다. 3시다.

"조금만 더 기다리면 안 돼요?"

4시다.

"곧 나올 것 같은데 조금만 더 기다리면 안 될까요?"

"더 이상 기다리면 문제가 생길 수도 있어요."

"그래도요."

이런 경우라면 수의사는 적극적으로 수술을 권유해야 한다. 진통 후 12시간 이상이 지났으니까. 결국 새벽 5시에 수술을 했다. 약간의 문제는 있었지만 어미와 새끼 모두 건강하게 수술을 끝냈다.

아침 7시, 다른 사람들은 출근을 하고 있는 시간에 부스스한 머리와 피곤한 얼굴을 하고 집으로 돌아가는 내 모습…. 아마 사람들은 밤새 놀다가 이제야 집에 들어가는 불량 어른으로 보겠지?

유전적 이유, 태아가 너무 클 때, 태아의 위치에 이상이 있을 때, 기형 태아일 때, 어미 개의 골반 이상, 진통이 미약할 때 등 난산의 원인은 많다. 아빠 개가 너무 큰 경우, 소형 어미 개가 한두 마리의 새끼를 가졌을 경우(소형 개의 경우 보통 서너 마리의 새끼를 밴다.), 태아가 뱃속에서 죽어 부풀었을 경우, 초산인 개의 태아가 큰 경우에 난산이 많다.

어미 개의 골반 이상은 어미 개가 골반 골절 등의 병력으로 골반의 모양이 변형되어 산도가 정상적이지 않은 것을 말한다. 진통이 미약한 경우는 어미 개가 비만이거나 야위었을 때, 혹은 운동 부족이거나 노령이거나 새끼가 너무 많을 때 주로 일어난다.

그렇다면 과연 언제 난산을 판단하는가? 적당한 진통이 4시간 이상 계속되는데도 새끼가 나오지 않는 경우, 한두 마리의 새끼가 나온 다음 4~6시간이 경과해도 나머지 새끼가 안 나오는 경우 등이다. 이럴 때는 지체 없이 가까운 병원에 연락해야 한다.

여기서 문제 하나. 새끼가 몇 마리인지는 어떻게 알 수 있을까? 교배 후 57일이 지난 뒤에 병원에 가서 엑스레이 촬영을 해 보면 된다. 적어도 새끼가 몇 마리인지 정도는 알아야 하지 않겠는가.

어둠 속에
✲벨이 울릴 때 2

|1999|01|02|

응급 수술로 병원에서 밤을 새우기도 하지만 가끔은 집에서 밤을 새울 때도 있다.

자정쯤 전화가 왔다.

"삐리리리~~~~~~." (꼭 응급 전화는 '삐리리리~' 하고 운다.)

"우리 개가 새끼를 낳으려고 해요."

"진통은 언제부터 했어요?"

"글쎄요…, 지금 하는 것 같은데요."

"그럼 좀더 기다려 보세요. 출산 경험은 있어요?"

"이번이 세 번째예요."

"지난 두 번은 잘 낳았어요?"

"네, 혼자서 잘 낳고 새끼 관리도 잘하던데요."

"그러면 잘 낳을 수 있으니 두세 시 정도까지 기다려 보세요."

난산의 경우를 자세히 설명해 주고 전화를 끊었다.

새벽 1시쯤 전화가 왔다.

"한 마리 나왔어요. 어떻게 해요?"

"새끼가 태막에 싸여 나왔다면 태막을 찢고 탯줄(제대)을 묶은 다음 입

동물 사진을 찍다 보면 실제 동물들의 성격과 다른 느낌의 사진을 얻는 경우가 종종 있다. 사진의 백구는 아주 명랑하고 잠시도 가만히 있지 않아 사진 찍기가 힘들었던 녀석이다. 그런데 사진에서 보이는 느낌은 상당히 분위기 있다. ^^

과 코에 있는 양수를 빼 주고 드라이기로 잘 말리세요. 제대 잘린 부위와 연결된 태막은 버리고요."

"알았어요."

1시 20분, 다시 전화가 왔다.

"새끼가 언제 또 나와요?"

"한두 시간 내에 나옵니다. 그때가 지나도 안 나오면 전화하세요."

한두 마리는 잘 나오다가도 나머지 녀석들이 난산일 경우도 있다.

1시 50분, 또 전화가 왔다.

"새끼가 나오긴 하는데 이번엔 태막이 없고 어미 고추에 달랑거리고 붙어 있어요. 어떻게 해요?"

"태막이 안에서 터져 새끼만 나오고 태반은 질 내에 있는 경우니까 조심스럽게 탯줄을 잡아당기세요. 그리고 아까처럼 탯줄 묶고 똑같이 하세요."

"어머! 어머! 어떡해! 잠깐만요." ('오빠, 이렇게 하래.' 어쩌고 하는 소리가 들린다.)

기다렸다.

"잘 안 돼요. 무서워서 못하겠어요."

"그럼 병원으로 빨리 오실래요?"

"이 밤중에…. 어떻게 해 볼게요. 미안해요."

이 사람은 우리 병원에 한 번도 온 적이 없다. (우리 병원 고객이라면 출산 전에 충분한 교육을 받는다.) 전화번호부 보고 전화했단다. 그 후로도 30분 간격으로 새벽 6시까지 전화를 해 댄다. 난 인내심이 강하다. 끝까지 버텼다. 결국 다섯 마리의 새끼를 낳았다.

그날 난 밤새웠다. 예민한 아내도 밤새웠다.

마지막 전화.

"아저씨!" (이런….)

"아저씨! 지금까지 다섯 마리 낳았는데, 뱃속에 더 있으면 어떻게 해요?"

"어떻게 하긴요. 낳아야죠."

"뱃속에 들어 있는지 어떻게 알아요?"

"만져 보세요."

"잘 모르겠어요."

나보고 어떻게 하라고? 전화로 태아가 있는지 알아내라고?

"혹시 이상하면 데리고 갈게요."

이런 사람은 절대 안 온다. 지금도 누구인지 모른다.

그러지 맙시다. 수의사도 사람입니다. 잠도 자고 살아야지요. ㅠ.ㅠ

그날 이후 한참 동안, 어둠 속에 벨이 울릴 때마다 우리 부부는 공포에 떨었다.

미용은 해도
✽ 예방접종은 안 한다?

| 1999 | 01 | 04 |

병원 문이 열렸다. 누군가 강보(?)에 싸인 무언가를 내려놓는다.

"어떻게 오셨어요?"

"예방접종 해 주세요."

가만히 보니 아직 어리다. 30일이나 됐을까?

"아직 어리네요. 어미 개의 예방접종 상태가 좋은 강아지는 생후 50일, 어미 개가 예방접종을 잘 안 했으면 생후 40일경에 예방접종을 해야 합니다."

"예? 강아지 판 곳에선 두 달 넘었다고 했는데요?"

"사람은 거짓말을 해도 강아지 이빨은 거짓말 안 해요. 이것 보세요. 이제 이빨이 나올까 말까 하잖아요."

"집도 멀고 자주 오기 힘드니 그냥 해 주세요."

"안 돼요. 지금 예방접종을 하면 엄마에게 받은 모체 이행 항체와의 문제로 인해 강아지가 아플 수 있어요."

또 장황한 설명. 그림까지 그려 가며 열심히 설명한다. 난 설명을 너무 많이 한다. 앞으로는 나도 그냥 모른 척 주사하고 접종비나 받을까? 목 아프게 설명하고 그냥 보내도 다시 병원에 온다는 보장도 없는데….

가끔 이런 생각도 들지만 막상 이런 보호자가 오면 또 설명에 열을 올린다. 내가 특별히 도덕적이어서가 아니다. 사실 거의 모든 수의사들이 이렇게 한다.

이런 경우도 있다. 강아지 미용을 하러 고객이 왔다. 미용을 하러 온 경우에도 먼저 예방접종 여부를 묻고 귓속이나 피부 등을 살펴 피부병 여부 체크를 기본적으로 한다.
"예방접종은 잘 하셨어요?"
"예방접종이 뭔데요?"
"예방접종이란…." (또 장황한 설명 -_-;;)
"지금까지 한 번도 안 했어도 아무 일 없었는데요, 뭘. 돈 들게…."
참 난감하다. 개의 건강한 삶을 위해 주인을 열심히 설득해 접종을 하게 해야 하나? 아니면 '그래 개가 불쌍하다.' 하며 그냥 넘겨야 하나? 내가 누군가! 나는 특공 수의사다! 열심히 설명하고 설득한다.
"말 그대로 질병을 예방하기 위한 것입니다. 예방접종 한 번 안 해도 평생을 건강하게(벽에 똥칠할 때까지) 사는 경우도 있습니다. 하지만 개가 15년 정도 사는 동안 한 번도 병원체에 노출되지 않는다는 보장이 있습니까? 그땐 치료비가 예방접종비보다 훨씬 많이 들어요. 그리고 더 큰 문제는 치료도 잘 안 된다는 거죠."
그래도 여기까지는 좀 낫다.
"그땐 다른 개 사죠, 뭐."
보호자가 이렇게 나오면 더 이상 할 말이 없다. 도대체 그 사람은 개를 왜 키울까? 심심풀이 땅콩?

입양 후 홍역과 파보 바이러스성 장염으로 치료를 받고 있는 강아지. 홍역과 파보 바이러스성 장염 등의 질병은 예방접종으로 거의 100퍼센트 예방이 가능하다. 이 슬픈 눈동자의 강아지는 이 사진을 찍은 후 며칠 뒤 하늘나라로 떠났다….

이런 경우도 종종 있다.

"따르르르릉~~~~~."

"안녕하세요, 원장님! 우리 강아지 예방접종 날짜가 좀 지났는데 지금 가도 되죠?"

"얼마나 지났는데요?"

"한두 달 지났나?" (내가 접종 간격을 지키지 않으면 처음부터 다시 해야 한다고 몇 번이나 말했어!)

이런 고객도 있다.

"강아지 산 곳에서 예방접종 했어요."

"동물 약품 파는 데서 약품 사서 했어요. 병원보다 훨씬 싸던데요."

이러면 참 힘들다. 동물병원이 아닌 곳에서 접종을 하는 것 자체가 불법 의료 행위이다. 동물 약품을 파는 곳에서 예방접종을 하면 물론 동물병원보다는 싸다. 하지만 예방접종이란 단순히 주사만 찌르는 행위가 아니다. 예방접종을 할 나이가 됐는지(너무 빠르면 안 되니까), 예방접종을 해도 문제가 없을 만큼 건강 상태가 양호한지(상태가 좋지 않을 경우 예방접종 한 것이 오히려 질병으로 발전하는 경우가 있다.), 관리 상태는 좋은지(너무 적게 먹어 말랐거나 피부나 귀 등에 문제는 없는지) 등 여러 가지 사항을 함께 체크한 후에 예방접종을 해야 하는 것이다.

사람이든 동물이든 미리미리 체크하는 것이 병든 후에 치료하는 것보다 낫지 않을까? 자기 자식 같으면 소아과나 보건소가 아닌 곳에서 예방접종을 하겠는가?

내가 수의사다 보니 동물병원 입장을 대변하는 것처럼 보일 수도 있겠다. 그래도 틀린 이야기는 하나도 없다.

　예방접종은 말 그대로, 지금 아파서 치료하는 게 아니라 앞으로 걸릴지도 모르는 질병을 예방하기 위한 것이다. 사람이든 동물이든 살다 보면 이런저런 병원체에 노출되게 마련이다. 이때 몸의 방어 체계에 의해 병원체를 이겨 낼 수도 있지만, 항체가 형성되어 있지 않으면 심각한 증상으로 발전되기도 한다. 사람의 경우 소아마비, 홍역 등은 예방접종을 잘해서 요즈음은 그런 질병을 찾아보기 힘든 것이다. 그러나 동물은 다르다. 아직도 예방접종 한 번 안 하고 평생을 사는 동물들도 있다. 그리고 그 동물들이 퍼뜨린 병원체가 우리 주변 곳곳에 있다. 하지만 예방접종을 완벽히 끝낸 개는 그 병원체에 노출된다고 해도 이겨 낼 수 있다.
　예방접종 간격은 병원마다 조금씩 차이는 있지만 보통 15~20일 사이다. 우리 병원은 20일 간격으로 한다. 접종을 할 때 왜 20일 간격으로 해야 하는지 설명한다. 우리가 원하는 항체를 100퍼센트 얻기 위해서이다. 접종을 한 후 15~20일 정도가 지나면 항체의 형성이 주춤해지므로 이때 추가 접종을 하면 더 높은 수준의 항체가 된다. 너무 늦으면 어떻게 되냐고? 처음 예방접종 하는 것과 마찬가지다. 처음부터 다시 해야지 뭐. 참고로 종합 접종은 5회, 코로나와 켄넬 코프는 2~3회, 광견병은 1회 접종 후 1년에 1회 추가 접종을 해야 한다.

동물병원에서
✽ 하지 말아야 할 것들

|1999|01|08|

동물병원에서는 금기 사항이 몇 가지 있다. 다음의 금기 사항만 잘 지키면 원만한 진료를 받을 수 있을 것이다.

첫째, 다른 개의 생김새에 대해 평가하지 말라!
"어머~~~ 이 강아지는 참 이상하게 생겼네요?"
"잡종인가 봐요?"
"얘는 왜 이렇게 커요?"
"눈이 이상하다…."
"왜 이렇게 사나워요?"

이러다가는 싸움이 난다. 가끔 진짜 싸움이 나기도 하고, 기분이 상해서 치료도 안 받고 그냥 가는 고객도 있다. 치료는 받고 가야지….

자기 자식 안 귀한 사람이 없듯이 개를 키우는 사람들도 자기 개가 제일 예쁜 법이다. 사랑하니까. 그런데 누가 그런 소리를 하면 화가 안 나겠나? 보호자들끼리 싸움이라도 나면 중간에서 어르고 달래고 말리고 눈치 보느라 정신없다.

둘째, 개는 꼭 안고 있어야 한다!

보통 보호자들은 병원에 오자마자 개를 바닥에 내려놓는다. 그럼 개는 똥 누고 오줌 누고 여기저기 돌아다닌다. 대소변 치우는 게 귀찮아서 하는 얘기가 아니다.

전에 이런 일이 있었다. 진돗개와 요크셔테리어가 같은 시간에 내원했다. 진돗개가 오면 긴장된다. 주인에게는 충성스럽고 용감한 개이지만 수의사나 다른 개에게는 무섭고 사납게 굴기 때문이다.

진돗개 주인은 개 목줄을 짧게 꼭 쥐고 있었는데, 요크셔테리어 녀석이 빨빨거리면서 돌아다니는 거다.

"요크셔 안고 계세요. 진돗개가 있으니까 물리면 큰일나요."

"괜찮아요. 착한 개예요." (누가 요크셔테리어가 나쁘다고 그랬나?)

"그러다가 물리면 안 되는데…."

이 요크셔, 진돗개가 만만해 보였는지 진돗개 앞에서 왔다 갔다 한다. 진돗개가 '요 녀석 봐라.' 싶었는지 덥석 한입 물었다. 세게 문 건 아니고 그냥 살짝 입을 댄 정도다. 요크셔는 어떻게 됐을까? 외상은 없었지만 너무 놀라 쇼크로 죽어 버렸다. 그 일로 주인은 울고불고하며 싸우고, 병원 욕하고….

병원에는 건강한 개가 오는 게 아니다. 당연히 아픈 개가 온다. 그러니 기생충이나 전염성 질환에 걸린 개의 병원체가 대소변으로 배출되는 경우가 많다.

병원에서는 물론 깨끗이 소독을 하기는 하지만 감염의 위험이 완전히 없어지는 것은 아니다.

코커 스패니얼 '아리'. 생김새도 성격도 얌전했는 코커 스패니얼인 아리는 헤어스타일이 독특하다. 영국의 축구 스타인 베컴 머리모양을 하고 있다. 유난히 더웠던 날 내원한 직후 사진을 찍어서 긴 헤어 더 길게 나왔다.

동물병원에서 하지 말아야 할 것들 49

셋째, 다른 개를 만지지 말라!

"이 강아지 너무 예쁘다. 한번 안아 봐야지."

이럴 때 예기치 않은 상황이 발생할 수 있다. 자기 개의 질병이 그 강아지에게 전염될 수도 있고 반대의 경우가 생길 수도 있다. 꼭 안아 보고 싶다면 수의사에게 물어보라. 아니다, 그냥 자기 개만 잘 안고 있는 게 제일 좋겠다.

넷째, 수의사를 '아저씨'라고 부르지 말라!

사람이란 참 간사해서(나만 그런가?) 호칭에 민감하다. 이미 눈치 챘겠지만 '아저씨'라는 말 들으면 기분 안 좋다. '아저씨'라는 호칭은 병원에서 수의사를 부를 때 적합하지 않다. 수의사가 기분 좋으면 또 아나? 진료비라도 좀 깎아 줄지. 수의사의 기분이 나쁘면 주사를 아프게 놓을지도 모른다. (대표적인 사람이 바로 나. ^__^)

동물병원에서 만난
✸ 가장 고약한 사람

|1999|01|13|

　동물병원도 사람을 상대하는 곳이라 별별 사람을 다 만나게 된다. 오늘은 그동안 내가 병원에서 만난 사람 중 가장 고약한 사람 이야기를 할까 한다.
　1997년 10월쯤으로 기억한다. 한 남자가 요크셔테리어를 데리고 병원에 왔다.
　사람을 처음 볼 때 그 사람의 얼굴에서 풍기는 느낌이란 게 있다. 그 느낌으로 그 사람의 성격이나 주변 환경 등을 어느 정도 알 수 있는 것이다. 나이 사십이 되면 자기 얼굴에 책임을 져야 한다는 말도 있듯이.
　그 사람의 인상은 한마디로 요주의 대상이었다. (물론 느낌만으로 사람을 평가한다는 것이 옳은 일은 아니겠지만, 내 경험상 대개는 맞는 것 같다.)
　그 남자는 개 미용을 해 달라고 했다. 자신의 전화번호를 알려 주더니 두 시간 후에 온단다. 두 시간이 지났다. 안 왔다. 하루가 지났다. 역시 안 왔다. 그 남자가 알려 준 전화번호로 전화를 했다.
　"○○○씨 계세요?"
　"그런 사람 없는데요…. 잠깐만요, 그 사람 한 달 전에 해고됐다는데요."

쟁반 같은 눈을 가진 고양이 '쿠키'. 대개 코리안 쇼트 헤어 종의 고양이들은 성격이 날카롭지만, 쿠키는 정말 착하고 온순하다. 쿠키의 맑고 커다란 연두색 눈을 보고 있자면 마음까지 깨끗해지는 듯하다. 역시 고양이의 매력은 눈 이다.

"그럼 집 전화번호라도 알 수 없을까요?"

"모르겠습니다."

아…, 어쩌란 말인가. 가끔 동물병원에 개를 맡겨 놓고 찾아가지 않는 사람들이 있다. 이번에도 그런 경우인가? 보호자와 연락이 안 되고 소식도 없으면 보통 2주 정도는 기다린다. 그래도 연락이 없으면 잘 키울 사람을 찾아서 보내는 경우가 많다. 그 사람 역시 2주가 되어도 연락이 없었다. 어찌어찌 분양 받을 사람을 찾아 그 강아지를 보냈다. 무척 착하고 예쁜 강아지여서 그저 잘 지내길 바랐다.

그 일을 까맣게 잊고 있던 어느 날이었다.

"삐리리이~~~~~." (윽! 왠지 불길한 예감이 든다.)

"여보세요." (아주 조심스러운 목소리로)

"전에 강아지 맡긴 것 때문에 전화했어요." (아직은 상대도 조심스럽다.)

"무슨 강아지요?"

"한 달 반 전에 미용하려고 맡긴 개요."

"아니, 어떻게 된 겁니까? 이제까지 전혀 연락도 없다가…."

여기서부터가 가관이다.

"내가 그날 월급 안 준 사장 녀석을 잡다가 손가락을 잘라서 경찰서에 갔다 왔다는 거 아닙니까. 경찰 놈들이 전화를 하게 해 줘야 말이지."

이제 쌍소리까지 해 댄다.

"지금 있어, 없어? 우리 강아지!"

"아무 연락도 없이 2주가 넘어도 찾아가지 않는 개는 임의로 처리합니다. 지금 두 달이 다 돼 가는데…."

"아니, 당신 누구 맘대로 내 강아지를 보낸 거야. 당신 그럴 수 있어? 내가 교도소 왔다 갔다 한다고 날 무시하는 거야? 이 XXX야!"

온갖 욕을 해 댄다. 자세히 쓸 수는 없고, 어쨌든 무척 해 댄다. 아…, 어쩌란 말이냐! 이 사람은 그 후로도 날마다 전화를 해 대고 일주일에 한 번은 찾아와서 행패를 부리고…. 설상가상으로 하필이면 강아지를 분양 받은 아가씨 연락처를 잃어버렸다. 내가 뭐 이런 일이 일어날 줄 알았나?

얼마 후 이 사람은 돈을 요구했다. 강아지 가격의 다섯 배 정도의 거금을. 비슷한 일을 당한 선배들의 이야기를 들은 적이 있다.

'이 사람 상습범 아닐까? 어디서 강아지 한 마리 훔쳐서 이 병원 저 병원 다니면서 이렇게 돈을 뜯는…?'

참으로 긴 한 달이 지났다. 지금까지 병원 생활 중 가장 힘든 시기로 기억한다. 악몽 같았다.

어찌어찌 분양 받은 아가씨와 연락이 되었다. 자초지종을 설명하고 강아지를 찾았다.

'강아지를 찾았으니 할 말이 없겠지. 이제 연락만 오면 큰소리칠 수 있겠구먼.'

"따르르르~~ㅇ."

그 사람이었다.

"당신 강아지 찾아 놓았으니까 당장 와서 찾아가쇼." (나도 약간 거칠게 나갔다.)

"그래요?" (묘한 뉘앙스의 억양)

"그날부터 지금까지 45일이니까 위탁비 45만 원 가지고 오시오. 오늘까지 오지 않으면 포기하는 걸로 생각하겠소. 오늘까지요!"

그 사람이 왔다, 비굴한 웃음을 보이면서…. 강아지를 보더니 아주 사랑하는 것처럼 안았다. 호주머니를 뒤적이더니 7만 원을 건넨다.

"이게 뭐요?"

"오늘은 돈이 이것밖에 없어서요. 나머지는 내일 갖다 드릴게요. 그리고 줄 하나만 주세요. 줄 값도 내일 같이 갖다 드릴게요."

하지만 난 안다. 이 사람, 다시는 우리 병원 근처에 얼씬거리지도 않을 거라는 걸.

"가지고 가세요."

그날 밤, 오랜만에 속 편하게 잘 수 있었다.

지금도 그 사람의 비굴한 웃음을 잊을 수 없다. 강아지를 다시 돌려주면서 섭섭해 하던 그 아가씨의 얼굴도…. 그 후 그 아가씨에게 다른 강아지를 주려고 몇 번이나 전화를 했는데 연락이 닿지 않았다. 예쁜 강아지 한 마리 주기로 약속했는데….

혹시라도 이 글을 읽는다면 지금이라도 연락 주면 좋겠다.

죠스, 개로 다시 태어나다!

| 1999 | 01 | 15 |

요크셔테리어 한 마리가 미용하러 왔다. 우선 전신 상태를 살폈다.
"와아~~, 죠스다."
상어는 이빨이 세 겹으로 난다. 개의 경우 젖니가 안 빠지면 꼭 상어처럼 이빨이 두 겹이 된다. 혹 개를 키우는 분이라면 지금 이빨을 살펴보라. 혹시 개가 아니라 상어를 키우고 있는 것은 아닌지.
"이빨 관리를 왜 이렇게 안 하셨어요? 젖니가 하나도 안 빠졌네요."
"네에? 원래 개 이빨이 그런 거 아니에요?"
이런…! 설명을 했다.
"뺍시다!"
"안 아플까요?"
"전신 마취를 해서 괜찮아요. 사람은 부분 마취를 하죠? 마취 깨면 밤부턴 먹을 수 있어요. 너무 걱정 마세요."
"안 빼면 어떻게 돼요?"
"젖니가 빠진 후 그 자리에 영구치가 나는데, 젖니가 자리를 비켜 주지 않으면 영구치가 제자리를 잡지 못해요. 그래서 이의 교합이 맞지 않아요. 그러면 음식물을 씹을 때 문제가 생기죠. 이빨 사이에 음식물 찌

몰티즈 '쫑'이 처음 내원한 날의 사진이다. 새로운 보호자의 품에 안겨 낯선 병원을 방문했으니 당연히 두려울 것이다. 쫑의 눈빛에 두려움이 가득하다. '쫑'은 이제 눈처럼 하얀 털을 가진 예쁜 성견이 되었다.

꺼기가 끼어 악취도 나고, 치석도 더 많이 생기고, 잇몸도 빨리 상해서 이빨이 빨리 빠져요. 보세요. 벌써 이빨 사이에 불순물이 많이 있죠? 잇몸 염증도 심하고요. 요즈음 혹시 아픈 적 있었어요? 전에 마취한 적은 있나요?"

마취 전에는 꼭 일반적인 전신 검사와 혈액 검사, 그리고 흉부 방사선 검사를 실시한다. 마취를 해도 안전할지 체크하는 것이다. 이상이 없으면 마취에 들어간다. 약 10분 후 강아지가 비틀비틀, 다시 5분 후 자장자장….

개구기로 입을 벌리고 조심조심 치근을 분리시키고, '내공과 외공'을 적절히 조화시켜 이빨을 뽑는다. 이 공력이 부조화를 이루면 안 된다. 치근까지 깨끗하게 뽑아야 하는데, 손에 힘을 너무 주면 이빨이 부러지고 너무 약하게 잡으면 안 뽑힌다. 이 경지에 이르기 위해서는 피나는 노력을 해야 한다. '고수의 길은 멀고도 험하다!'

그렇게 요크셔테리어는 '죠스'에서 '개'로 거듭 태어났다.

강아지 젖니의 수는 앞니(incisor tooth) 6개, 송곳니(canine tooth) 2개, 어금니(molar tooth) 6개로, 아래윗니의 수가 동일하니까 젖니 수는 총 28개다. 그럼 영구치의 수는 몇 개일까? 앞니 6개, 송곳니 2개, 어금니는 위 12개와 아래 14개로 아래윗니 합쳐 42개다. 품종마다 조금씩 다르지만 보통 생후 30일쯤 되면 이빨이 나기 시작하고, 생후 5개월쯤부터 이갈이를 시작해서 생후 7~8개월쯤이면 이갈이가 끝난다.

미아는 파출소,
유기견은 동물병원?

|1999|01|18|

요즘같이 추운 날, 밖에서 잠을 자고 길거리에서 끼니를 때우는 고달픈 생활을 하는 집 없는(homeless) 사람들이 있다. 병원이 잘 안된다고 죽는 소리를 하지만, 그 사람들에 비하면 난 얼마나 안정된 삶을 사는 것인지.

요즈음 집 없이 돌아다니는 개가 유난히 눈에 띈다. 집에서 기르던 개가 많이 버려진다고 한다.

"따르릉~~~."

"저기요… 어떤 개가 집에 들어와서 안 나가는데, 거기 갖다 주면 키우실래요?"

참 곤란한 경우다. 사람들은 집 없는(혹은 주인을 잃은) 개를 동물병원에 데려다 주면 다 키우는 줄 안다. 수의사를 '동물을 사랑하는 착한 아저씨!'라고 생각해서 그러는지. 한두 마리라면 치료해서 잘 키울 사람을 찾아 주기도 하지만, 모든 개를 다 받아 줄 수는 없는 일이다.

버려진 개가 아니라 주인을 잃은 개가 거리를 돌아다니기도 한다. 나도 개를 잃어버린 적이 있다. 아주 착하고 예쁘고 영리한 갈색 푸들이었는데…. 우리 병원 미용사가 집에 데리고 갔다가 잃어버렸다. 그때 생각

버려진 고양이. 못 먹어 바짝 말라 제대로 서지도 못하는 고양이. 사람도 버려지고 동물도 버려지고… 우울하다.

만 하면 아직도 가슴이 떨린다.

　이런 경우도 있었다. 병원 앞 횡단보도에서 교통사고가 났다. 한 3킬로그램 정도 되는 잡종 개였는데 걷지를 못했다. 병원 앞에서 일어난 사고라 모른 척할 수가 없었다. 데리고 왔다. 치료도 하고 밥도 주었다. 한 달쯤 병원에 있었나? 드디어 잘 걸을 수 있게 되었다. 나는 개를 병원 문밖에 가만히 놓아두었다. 혹시 집을 찾을 수 있을까 해서다. 이 녀석, 주위를 살피더니 우리 병원 건물 계단으로 가는 게 아닌가? 녀석이 눈치 채지 못하게 미행을 시작했다. (검은 선글라스 쓰고. ^^)

　아니, 이 녀석, 3층으로 올라가더니 3층에 있는 가게 문을 긁는다. 세상에! 우리 병원 3층에 있는 가게의 개였는데 그동안 한 번도 병원에 오지 않아서 몰랐던 것이다. 주인을 만나 그동안의 상황을 이야기했다. '포도 봉봉' 한 박스를 선물로 받았다. ^^

수의사의
실수는 범죄 행위다!

|1999|01|20|

안락사를 옹호하는 한 영국인 의사가 환자를 안락사시키는 장면이 케이블 TV로 방송된 후 그 의사가 일급 살인 혐의로 기소되었다는 충격적인 뉴스를 접한 적이 있다. 『닥터스』라는 소설에서도 한 의사가 환자의 뜻을 존중해 안락사시키다 경찰에게 체포되는 장면이 나온다.

동물의 안락사는 어떨까? 법적으로는 특별히 문제가 없다. 병원에 따라 혹은 수의사의 판단에 따라 안락사를 권유하는 경우도 있고, 고객의 요청에 따라 안락사를 시키는 경우도 종종 있다.

문제는 그 시점이다. 도저히 그 동물을 회생시키지 못할 것 같은 상황이 종종 있다. 그래도 차마 보호자 앞에서 안락사라는 말을 꺼내지는 못한다. 곧 죽을 줄 알면서도, 그 동물의 고통이 얼마나 클지 짐작하면서도, 안락사가 유일한 방법인 줄 알면서도 그렇다. 눈물을 흘리는 꼬마의 얼굴을 보면서, 자식처럼 키워 온 개의 꺼져 가는 생명불 앞에서 슬퍼하는 노부부를 보면서, 일주일 입원 후 극심한 경련을 하는 강아지를 문병 온 주인 앞에서 안락사 이야기를 할 때는 정말 힘들다.

변비에 걸린 강아지의 항문에 손가락을 넣어서 똥을 파낼 때도, 엄청난 치석 때문에 살인적인 냄새를 풍기는 강아지의 입에 코를 박고 스케

어느새 부쩍 자란 몰티즈 '쫑'. 처음 병원에 내원했을 때는 그저 피부병이 심한 작은 강아지였다. 그 후 피부병 치료도 받고 차근차근 예방접종도 받는 동안 저렇게 예쁘고 까만 눈동자를 가진 몰티즈가 되었다.

일링을 할 때도, 강도 같은 주인 만나서 병원비도 제대로 못 받는 것은 물론 욕까지 바가지로 먹고 입원실에서 울 때도, 아침 9시에 출근해 저녁도 못 먹고 새벽 2시까지 수술을 할 때도, 사나운 개에게 주사하다 물려 피가 날 때도, 뱃속에 죽은 강아지 품고 있다가 사흘쯤 지나 자궁이 다 썩은 강아지를 수술할 때도, 하루 종일 손님이 없어서 아내 얼굴 보기가 민망할 때도, 강아지 똥오줌 묻은 내 옷 빨래하는 아내한테 눈치가 보일 때도, 그 어느 때라도 그만큼 힘들지는 않다.

치료가 되지 않을 때, 치료 중에 강아지가 죽어 주인에게 전화해야 할 때가 제일 난감하다. 내가 실력이 부족해 살릴 수 있는 강아지를 죽인 게 아닌가, 다른 병원에 갔으면 살 수 있지 않았을까, 내가 치료를 제대로 하기는 한 걸까, 오만 가지 생각이 다 든다.

언젠가 TV 프로그램 〈성공 시대〉에 출연한 유명한 의사의 한마디가 생각난다.

"의사의 실수는 범죄 행위이다."

마찬가지다.

"수의사의 실수는 범죄 행위이다."

이 땅에서
수캐로 산다는 것은

|1999|01|23|

　보통 애완동물로 개를 선택할 때 어떤 품종을 택할 것인지를 제일 먼저 고민한다. 그 다음으로는 암컷으로 할 것인지 수컷으로 할 것인지 갈등한다. 자장면을 먹을까, 짬뽕을 먹을까 갈등하는 것처럼 이 문제는 영원한 고민거리이다. 혹자는 새끼를 낳을 수 있다는 이유로 암컷을 선택하기도 하고, 혹자는 발정하는 게 꺼려져서 수캐를 선택하기도 한다. 어떤 생각으로 암수를 선택했든 어린 강아지를 키울 때는 문제가 없다. 암놈이나 수놈이나 둘 다 예쁘고 귀엽기만 하다.

　그런데 개가 마냥 어린 강아지로만 머물러 있지는 않는다. 하루가 다르게 무럭무럭 자라서 어느덧 4~5개월령이 되고, 1년이 되고…, 나이가 들면서 성적으로 성숙한다. 암캐는 첫 발정을 하면서 숙녀가 되고, 수캐는 마운팅(사람이나 인형 등에 올라타서 교미하는 행동을 흉내 내는 것. 일명 붕가붕가.^^)을 하거나 빨간 성기를 드러내며 어른이라는 것을 알린다. 그래서 수캐의 경우 생후 5~6개월령에 거세 수술을 시키는 경우가 많다.

　이 땅에서 수캐로 산다는 건 한마디로 좀 비참하다. 적어도 성적인 면에서는 그렇다. 사람이나 동물이나 성적인 욕구는 같다. 동물은 본능에 더 충실하니까 사람보다 더하면 더하지 덜하지는 않을 것이다. 암캐의 경우에는 그나마 좀 덜하다. 6개월에 한 번씩 생리와 배란을 하고 각 시즌마다 5~6일 정도만 교배가 가능하니 나머지 기간은 성적으로 자유롭다. 그러나 수캐에게는 따로 발정기라는 게 없다. 한마디로 항상 준비되어 있다는 뜻이다. 그렇다면 이 땅의 수캐들은 어떻게 성적인 욕구를 분출하는가? 크게 네 가지 유형으로 나눌 수 있다.

첫째, 숫총각형. 태어나서 죽을 때까지 총각으로 지낸다. 생후 5~6개월령, 혹은 좀더 늦게 거세 수술을 하는 경우가 이에 해당된다. 거세 수술은 고환을 제거하는 것이므로 당연히 정자가 형성되지 않고, 남성 호르몬이 거의 생성되지 않으므로 성도 완전히 없어진다. 그렇게 완전한 총각으로 사는 것이다. (개인적으로는 이 경우가 가장 좋다고 생각한다.)

혹자는 말한다. 짝을 지어 주면 되지 않겠느냐고. 과연 그럴까? 계산을 해 보자. 암캐 한 마리가 있다. 1년에 두 번 발정을 한다. 365일 중 10일 정도 교배가 가능하다. 그럼 나머지 355일은? 한 번 장가를 가 본 수캐는 숫총각일 때보다 더 통제하기 힘들다. 수캐는 365일 내내 발정기나 마찬가지니 그 욕구를 다 채워 주려면 암캐가 스무 마리 정도는 있어야 하지 않을까? 암캐 스무 마리가 교대로 발정하면 200일 정도가 되니까 계산이 얼추 맞나? (그래도 모자란다.)

둘째, 자유연애형. 밤에는 집에서 자고 낮에는 밖을 돌아다니며 자유연애를 하는 개가 여기에 속한다. 대체로 잡종이 많고, 시골 개들이 주로 여기에 포함된다. 이 경우 성병에 걸릴 수 있다. 개도 성병에 걸린다.

셋째, 전문가형. 전문적인 종견을 말한다. 종견으로 쓰는 개들은 예쁘고 작다. 하지만 자신의 의사와 상관없이 거의 매일 의무적으로 장가를

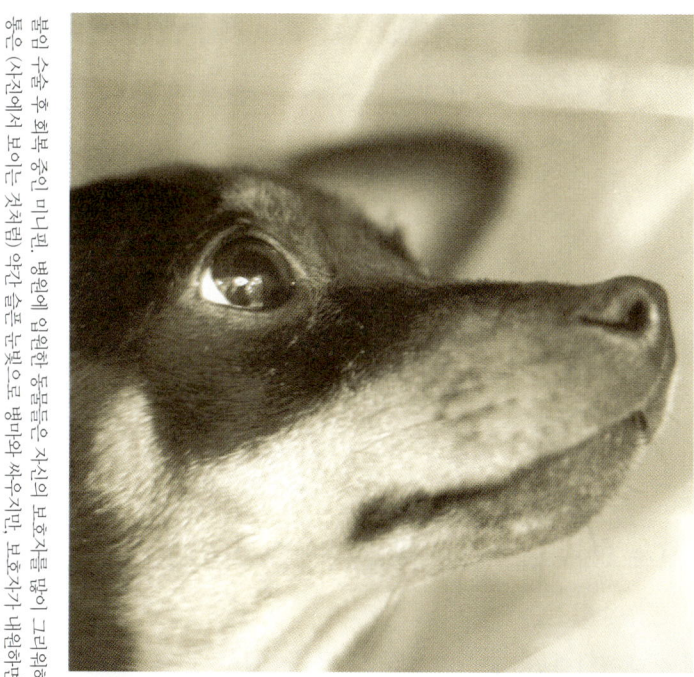
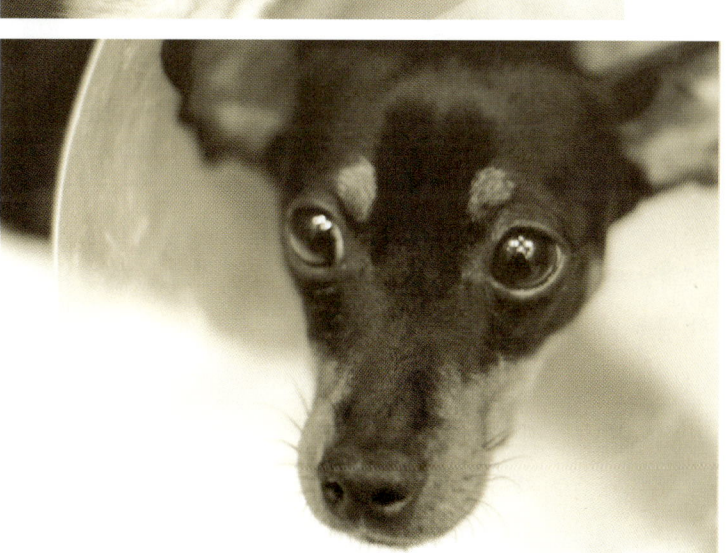

불이 수술 후 회복 중인 미니핀. 병원에 입원한 동물들은 자신의 보호자를 많이 그리워하는 것 같다. 여러 가지 사정상 보호자가 항상 함께 할 수는 없기에 보통은 (사진에서 보이는 장치럼) 약간 슬픈 눈빛으로 멀미와 싸우지만, 보호자가 내원하면 아무리 힘들어도 보호자를 반기며 즐거운 눈빛으로 바꾼다.

이 땅에서 수캐로 산다는 것은

가야 한다. 매일 장가를 간다는 건 여간 힘든 일이 아닐 텐데…. 이런 종류의 개는 불쌍하다. 빨리 늙고 수명도 짧다. 자고로 색을 가까이 하면 그렇다. ^^

넷째, 재수 좋은 형. 굳이 무슨 형이라고 이름 붙이다 보니 '재수 좋은 형'이라고 했는데, 일반 가정에서 예쁘게 자라는 수캐가 여기에 속한다. 주인의 특별한 배려로 암캐를 짝으로 맞아 함께 적당히 행복하게 사는 수캐 말이다. 이런 조건에서 사는 개는 행운견이다.

가끔은 이런 운 좋은 경우도 있다. 일반 가정에서 행복하게 사는 녀석인데 생김새가 너무 예뻐 가끔 다니던 병원에서 장가가라고 부르는 경우다. 한두 달에 한두 번 정도…. 부럽다. ^^

이렇게 보면 자유로운 성생활을 하는 수캐는 없는 것 같다. 그나마 '재수 좋은 형'이 약간은 근접한 것일까.

만약 개로 태어난다면 나는 암캐로 태어나고 싶다. 한마디로 수캐는 장가가기 힘들다. 암캐는 생리를 하면 병원에 가서 질 세포 검사를 하고 배란일이 되면 종자가 좋은 수캐를 가진 사람에게 연락해 시집을 보낼 수 있지만, 수캐가 암캐를 만나기란 좀처럼 쉽지 않은 일이다.

가끔 이런 보호자들이 있다.

"원장님, 우리 개 장가 좀 보내 주세요. 요즘 장가를 가고 싶은지 이상한 행동을 많이 하네요."

문제는 어디서 암캐를 구하느냐다. 앞서도 말했지만 암캐는 1년에 두 번 정도 발정을 하는데, 발정기는 기껏해야 1년에 10~15일 정도다. 내가 무슨 재주로 지금 생리를 하는 같은 종류의 암캐를 구할 것이며, 또 구한다고 해도 그 암캐 주인을 어떻게 꼬드겨 이 수캐를 사위로 받아들이게 할 수 있단 말인가? 다행히 수캐가 생김새도 예쁘고 성격도 좋은 개라면 어떻게 잘 말해서 성사될 수도 있겠지만, 덩치 크고 사납고 순종과는 거리가 멀게(?) 생겼다면 암캐 주인의 마음에 들지 않아 성사가 잘 안 될 것이다. (오해 마시라! 순종이 아니거나 덩치 크고 사나운 개가 나쁘다는 이야기가 아니다.)

그럼 덩치 크고 사나운 개는 장가도 못 가고 홀아비로 늙어야 하는가? 방법이 없는 것은 아니다.

첫째, 암캐를 한 마리 분양 받는다. 그래서 둘이 친구가 되어 놀게 하고, 시기가 되면 짝짓기를 하면 된다. (그래도 앞에서 얘기한 대로 문제는 여전히 남는다.)

둘째, 광고를 한다. 주위 사람들에게 광고를 해서 암캐가 발정을 하면 연락해 달라고 하는 거다. 요즈음은 인터넷 동호회가 활성화되어 있으니 회원들끼리 사돈 맺어도 좋지 않을까? 문제는 언제 연락이 올지 모른다는 것과 한 번 장가를 가면 이놈이 또 가고 싶어해서 오히려 더 곤란한 일이 생길 수도 있다는 것이다.

셋째, 생후 5~6개월에 불임(거세) 수술을 시킨다. 장가를 못 간 수캐는 나이가 들면 전립선염이나 고환종양 등의 질병에 걸릴 확률이 아주 높은데다 그동안 마운팅을 하거나 사나워지거나 근처에 있는 암컷의 발정에 유혹 받아 가출하는(?) 등의 문제가 있기 때문이다.

혹자는 거세 수술을 꺼리기도 한다. 사람이 편하자고 거세 수술을 시키는 건 너무한 것 아니냐는 뜻일 게다. 물론 그럴 수도 있다. 어쨌든 보호자가 잘 생각해서 가장 좋은 방향으로 결정하면 된다.

개는
왜 똥을 먹을까?

|1999|01|27|

개가 똥을 먹어서 고민하는 사람들이 많다.

개는 왜 똥을 먹을까? 핑계 없는 무덤 없다고 다 이유가 있다. 몸에 영양이 필요하거나, 밥이 모자라 배가 고프거나, 심심하거나 혹은 자신의 영역을 지키기 위해서다.

첫째, 몸에 영양이 필요해서라면 사료의 종류를 바꾸거나 영양제를 먹여야 한다. 싸구려 사료만 먹이거나 사람이 먹는 음식만 먹이면 개에게 필요한 영양이 부족한 경우가 있다.

둘째, 밥이 모자라 배가 고파하는 것은 다이어트 열풍이 엉뚱하게도 개한테 간 경우다. 특히 여자분들이 기르는 개가 주로 그렇다. 조금만 먹는 자신의 식습관대로 개한테도 조금씩만 먹이거나, 바빠서 제때 못 먹이거나, 작게 키우려고 조금씩 먹이는 거다. 그러면 개는 똥을 먹는다. 누군가 그러지 않았나? 사흘 굶어 담 안 넘을 사람 없다고. 개도 마찬가지다.

셋째, 심심해서 그런 경우라면 하루 종일 혼자 있는 강아지일 가능성이 높다. '아이고, 심심해…. 오늘은 주인이 올 때까지 뭐 하고 놀까? 화분을 뒤집어 볼까? 그래, 똥이다! 야, 이것 봐라, 내 똥은 역시 모양도

이 강아지의 이름은 '식량'이! 처음 이름을 듣고 깜짝 놀랐다. '아니, 이 강아지를 키워 식량으로 쓰려고 그러나?' 알고 보니 이 녀석이 식탐이 워낙 많아 집안의 식량을 너무 많이 축내서 '식량'이라는 이름을 지었단다. 다행이다….

예뻐….'

　사람도 그렇지 않은가. 큰일을 본 후 꼭 자기 똥을 한 번 보고 물 내리지 않나? 공중 화장실에서 누가 물 안 내리고 간 칸에 재수 없게 들어가면 그렇게 더럽고 기분 나쁠 수가 없지만, 자기 것은 모양도 좋고 색깔도 좋고 냄새도 구수~~~하게 느껴지지 않던가. 나만 그런가? 아마 다들 그럴 거야. 절대 나만 그런 건 아닐 거야. ^^

　'오늘은 이걸로 놀아 보자. 어! 냄새도 구수하네? 한번 먹어 볼까?'

　이런 과정을 거쳐 당신의 사랑스러운 개가 '똥개'가 되는 것이다. 이럴 때는 과감하게 야단을 쳐야 한다. 눈물이 쏙 빠지도록, 다시는 먹지 않게. 그래도 안 된다면 동물병원에 가서 약을 사 먹이는 게 좋다. 이 약을 먹이면 똥이 개가 아주 싫어하는 맛으로 변해서 개는 그 '맛없는 똥'은 먹지 않게 된다. (버릇을 고치려면 2~3주는 먹여야 한다.)

　마지막으로, 자신의 영역을 지키기 위해서라면 자신의 영역에 다른 개가 침범해 신경을 거슬리게 하는 경우이다. 그 녀석의 똥을 먹어 치워 자신 외의 냄새를 없애려는 것이다.

　혹시 당신의 개가 똥을 먹는다면 어떤 경우인지 잘 관찰하고 교정해야 한다. 지금 당장은 먹지 않는다고 안심하지 말고 지속적으로 관리해야 한다. 상상해 보라. 당신의 그 사랑스러운 개가 똥을 먹은 후 그 혀로 당신의 입을 핥는다고…. (식전이라면 용서하세요. ^^)

개의 귀를
🌸 살펴보자!

|1999|02|01|

우리 병원에 오는 노부부가 있다. '흑산'이라는 이름의 슈나우저를 기르는 부부다. 흑산이는 무협지의 절대 고수 같은 이름을 가져서 그런지 만만치 않은 크기와 성격을 자랑한다.

녀석의 문제는 만성적인 외이염이다.

병원에 많이 오는 경우 중의 하나가 외이염에 걸렸을 때다. 강아지는 귀에 털이 난다. 간혹 털이 없는 강아지도 있지만 거의 모든 종류의 강아지가 털이 나는데, 이 털을 수시로 뽑아 주고 목욕 후 귀를 깨끗이 닦아 주어야 한다. 안 그러면 외이염에 걸리기 쉽다.

개 중에 귀에 가장 털이 많고 빽빽하게 나는 종류가 슈나우저이다. 그런데 흑산이는 성격이 사납고, 특히 귀 털을 뽑거나 닦아 주는 것을 싫어해서 항상 외이염에 시달리고 있다.

"원장님, 우리 흑산이 좀 봐 주세요. 자꾸 귀를 긁고 아파하는데."

흑산이와의 첫 만남은 이렇게 시작됐다.

수의사는 개를 본 순간 재빨리 그 개의 성격을 파악해야 한다. 그래야

손을 물리는 사태를 피할 수 있다. (수의사가 진료하다 개한테 물리면 어디 가서 하소연도 못한다. 무엇보다 체면이 말이 아니다.)

흑산이를 처음 봤을 때는 온순한 듯했다. 그런데 귀를 만지는 순간 갑자기 안면 표정이 변하더니 으르렁거리며 신경질적인 반응을 보였다. 외이염이 너무 심해 상당한 통증을 느꼈나 보다.

주인 할머니께 잠깐 귀를 보여 달라고 부탁했다. 그동안 귀 손질을 한 번도 안 한 모양이다. 털은 왜 그리 빽빽하게 나 있는지, 귀가 너무 부어 안쪽이 보이지도 않았다.

"할머니, 흑산이 상태가 너무 심하고 아파하니까 마취를 시키고 치료하는 게 좋겠네요."

"아이고… 우리 흑산이, 마취까지 하면 너무 아프지 않을까?"

작은 개는 어지간하면 그냥 붙잡고 치료를 하지만, 너무 사납거나 통증을 심하게 느끼는 경우에는 마취를 한다. 흑산이의 몸무게는 거의 19킬로그램이다. 엄청난 비만인데다 힘이 장사다. 마취를 하지 않고서는 도저히 치료를 할 수 없었다.

마취를 하고 귀를 자세히 보니 그야말로 밀림이다. 웬 털이 그렇게 길고 많은지….

먼저 미용사 언니가 귀 주위의 털을 시원하게 밀고, 내가 털을 뽑기 시작했다. 세상에! 두 귓속에서 털이 한 주먹은 나왔다. (진짜다.) 털을 깨끗이 뽑고 귀 세정제로 말끔히 닦은 다음 연고를 바르고 주사를 놓고 약을 지어 주었다.

"할머니, 사나흘 계속 치료 받으러 나오시고 당분간은 일주일에 한 번 정도 진찰 받으러 오세요. 그리고 평소에 귀를 잘 관리해 주세요."

무협지의 절대 고수 같은 이름을 가진 슈나우저 '흑산'. 올해 열 살쯤 된 흑산이는 비만 정도가 너무 심해서 항상 걱정이다. 흑산이의 보호자인 할머니와 할아버지께서 너무 많이 먹이신 탓이다. 살 좀 빼야 한다고 말씀드리면 "에고… 우리 흑산이… 맛난 거라도 많이 먹여야지. 다이어트는 무슨 얼어죽을…." 이렇게 대답하신다.

벌써 넉 달 전의 일이다. 전보다는 좋아졌지만 흑산이는 여전히 외이염에 시달리고 있다. 흑산이처럼 만성 외이염에 걸리면 수술을 하는 게 좋다. 귀의 수직이도(개의 귀는 사람과는 달리 귀 외부에서 고막까지 이르는 외이도가 직선이 아니라 L자 모양이다. 내려가는 I 부분을 수직이도라 하고 가로획인 - 부분은 수평이도라고 한다.) 부분을 개방하여 귀 청소를 쉽게 하고 환기를 도와주는 수술이다.

그런데 노부부는 수술이 내키지 않는지 요즈음도 2주에 한 번씩 치료를 받으러 온다. 흑산이나 노부부나 나나 고생이다.

평소에 개의 귀를 잘 살펴보자. 외부에서 보이는 귀 안쪽의 색깔이 예쁜 분홍색인가? 부어 있는 느낌은 없나? 개가 귀를 자주 털거나 바닥에 문지르거나 하지는 않나? 염증이 있으면 귀 안쪽이 빨개지고 부으며, 만지면 아파하고 열도 난다. 평소에 보호자가 관리를 잘하면 개의 고통을 훨씬 덜어 줄 수 있다.

온 동네 개들이
✤ 나만 미워해!

|1999|02|08|

　이 동네에 자리 잡은 지 3년이 다 되어 간다. 이제 동네의 어지간한 개들은 우리 병원에 한두 번쯤은 다녀간 셈이다. 그 개들은 병원에 왜 왔을까? 분명 어디가 아팠거나, 예방접종이나 광견병 접종을 하러 왔을 것이다. 그러니 병원에 대한 기억이 좋을 수가 없다. 낯선 곳에 왔더니 하얀 가운 입은 사람이 아픈 주사를 놓는 것도 모자라 귓속 보고, 입 벌려 이빨 보고, 체온 잰다면서 항문에다 체온계 꽂고, 때에 따라(입원이나 위탁의 경우) 보호자가 자기만 두고 비겁하게 떠나 버려 배신의 아픔까지 겪게 만든 곳이 바로 병원인 것이다.

　사람도 그렇지만 개에게도 병원에서의 일이 아름다운 추억이 될 수는 없다는 것을 나도 잘 안다. 이런 악몽을 겪은 개는 본능적으로, 그 발달한 후각으로 악몽 같은 기억을 만드는 데 결정적인 역할을 한 사람을 알아본다. 아마 '으르릉… 저 사람이야. 날 주사로 찌르고 집에도 못 가게 한 그 나쁜 사람….'이라고 할 것이다. 물론 이성적인 개라면 '아! 저분이 아픈 나를 고쳐 주셨어. 너무 고마운 의사 선생님이야.' 하겠지만 슬프게도 거의 대부분의 개는 그렇지 않다.

　이런 이유로 출퇴근할 때나 근처를 산책할 때마다 우리 동네 개들은

생후 50일경부터 우리 병원에 다녔던 '로렌'. 어릴 적을 때는 날 아주 좋아했느데 예방접종을 하고 몇 번 아파서 치료를 받으면서부터는 나와 병원을 너무 싫어한다. 항상 저렇게 가방 안에 들어가서 으르렁거린다. 하긴, 내가 가르는 병원이도 처음엔 나를 좋아했는데 예방주사 두세 번 맞더니 슬슬 피하더군. ---;;

나만 보면 막 짖는다. (가끔 슬금슬금 피하는 녀석도 있다.) 병원에서는 꼼짝도 못하던 녀석들이 병원이 아니라고, 자기 집 앞이라고 막 짖어 댄다. 만약 우리 병원에 놀러 왔는데 내가 없으면 동네에서 개들이 제일 시끄럽게 짖는 곳으로 와 보시라. 십중팔구 내가 거기에 있을 것이다!

개들이 막 짖으면 사람들은 날 이상하게 쳐다본다.

'아니, 왜 저 사람 보고 저렇게 짖을까? 무슨 원수진 일이 있나? 개 도둑인가? 개장수인가? 어쩌면 보신탕을 너무 많이 먹어서 그럴지도 몰라.'

뭐, 이런 눈빛이다. 그렇다고 일일이 설명할 수도 없고, 이마에 '난 수의사입니다.'라고 붙이고 다닐 수도 없고.

가끔은 달려들어 발꿈치를 물려고 하는 개도 있다. 이 녀석들은 밖에만 나오면 나를 아주 우습게 본다. 병원에 들어오면 아주 아주 얌전한 척하다가도 밖에서는 적이 된다.

'아이고, 내가 뭔 죄가 있다냐!'

어떻게 하면 개에게도 인기 있는 수의사가 될 수 있을까? 주사하기 전후에 맛있는 영양제도 주고, 주사도 최대한 안 아프게 놓고, 막 웃으면서 "내가 주사를 놓는다고 너무 미워하지 마아~~~." 하며 알아듣도록 상냥하게 이야기하고…. 나름대로 하느라고 해도 별 소용이 없다.

아, 참! 딱 한 녀석, 병원을 좋아하는 개도 있었다. 나도 무척이나 좋아했다, 그 개는. 그 녀석은 아주 건강해서 일 년에 한두 번쯤 예방접종밖에 안 한다. 그 외에 병원에 오는 일이 있다면 바로 장가가려고 오는 것이다! 병원에만 오면 예쁜 신부가 기다리고 있다는 것을 알고 있으니 나도 좋아하고 병원도 좋아하는 것이다. 사람이나 개나 수컷들이란!

긁적긁적
긁적긁적

| 1999 | 02 | 12 |

"개가 몸을 막 긁어요. 우리 엄마랑 언니도 막 긁어요."

사람도 긁는다면 십중팔구는 개선충 감염이다. 초보 수의사 시절, 이 병에 걸린 개를 치료하다가 나도 서너 번 옮았다. 정말 미치겠더라. 한 4~5일 간 가려워서 아무 생각도 안 날 정도였다. 특히 자려고 따뜻한 이불 속에 들어가면 더 가렵기 시작하는 거다. 박박 긁으며 울다 지쳐서 잠이 들곤 했다. 지금도 그 일을 생각하면 끔찍하다. 면역이 생겨서 그런지 이제는 심한 녀석을 만져도 옮지 않는다.

개선충증은 개에게는 흔한 피부병으로 외부 기생충에 의해 감염된다. 동네를 돌아다니는 개 한 마리가 개선충증에 걸리면 금방 온 동네 개에게 퍼질 정도로 전염성이 강하다. 길에서 생활하는 집 없는 개들은 대개 이 병에 걸려 있다. 개선충증은 제일 먼저 귀 끝을 시작으로 해서 전신으로 번져 간다. 빨리 치료하지 않으면 온몸의 털이 빠지고 볼썽사나운 모습이 된다. 몸에서 비듬 같은 부스러기가 떨어지고 악취도 심하다.

"병원에 오세요. 개선충 감염인 것 같은데 확실히 보고 치료하죠."

온몸의 털이 빠져 엉성하게 생긴 몰티즈를 데리고 누군가 들어왔다.

"아이고…, 이렇게 심한데 왜 이제 오셨어요?"

"얼마 전에 길에서 주운 개예요. 불쌍해서 데리고 왔는데…."

이렇게 지저분한 개를 집으로 데리고 왔다면 참 좋은 사람이다. 이런 사람에게는 아무래도 치료비를 깎아 주고 싶은 생각이 든다.

개선충이 맞는지 확인부터 한다. 피부를 칼날로 긁어 현미경으로 검사한다. 개선충은 피부 깊숙이 굴을 파 산란하고 성장하기 때문에 약간 피가 날 정도로 긁어야 한다. 현미경으로 개선충을 보여 주면 주인은 대개 놀라서 까무러친다.

"어머! 어머! 이게 뭐예요? 너무 징그러워요. 세상에!"

(이건 비밀인데…, 난 현미경으로 꿈틀꿈틀 움직이는 벌레들을 보는 게 너무 즐겁고 재미있다. 또 보호자가, 그것도 아가씨 손님이 그 벌레를 보고 기겁하는 걸 보는 건 더 즐겁다. ^^ 아무래도 나는 좀 문제가 있는 것 같다. 이 사실을 알면 아마 손님이 안 올 거야.)

확인을 했으니 치료에 들어간다. 치료 방법은 병원마다 약간 다르지만 우리 병원에서는 첫날은 개선충을 죽이는 주사를 놓은 다음 약물 목욕을 시킨다. 경우에 따라서 항생제나 기타의 주사를 더하기도 하고. 약물 목욕은 일주일에 한 번 정도 시킨다. 약물 목욕을 시킨 후 자연스럽게 말리고, 다 마르면 연고를 바르고….

정도에 따라 다르지만 보통 4~5일은 병원에 입원하든지 통원 치료를 해야 한다. 그 후에는 일주일에 한 번씩 서너 번은 치료를 받아야 한다. 개선충의 암컷은 개의 피부 속에 알을 낳는데, 이 알이 부화하고 성장해 성숙한 암컷이 되어 다시 알을 낳는 데 걸리는 시간이 약 3주다. 그런데

피부병을 앓고 있는 '뭉치'. 치료 후 몸을 부르르 떠는 장면을 포착했다. 꾸준한 치료로 뭉치의 피부병은 많이 좋아졌다. 만화 영화에서 주인공이 빙그르르 돌면 변신하는 것처럼, 뭉치도 앞으로 몇 번 부르르 떨고 변신하여 깨끗한 피부를 다시 찾길 바란다. 뭉치야, 파이팅!

처음 4~5일 간 치료를 할 때 알까지 죽이지는 못한다. 성충만 죽이는 것이다. 그래서 일주일에 한 번씩, 3주 동안은 꼭 치료를 받으라고 하는 것이다.

그러나 주인은 방심한다. 4~5일쯤 치료하면 개가 별로 긁지도 않고 피부도 좋아져 보이기 때문이다.

'야, 이제 다 나았구나. 고생 끝이다!'

그러나 아직 안 끝났다. 일주일쯤 지나면 다시 슬슬 긁기 시작한다. 귀찮다거나, 병원에 가는 걸 잊어버렸다거나, 치료비가 아까워 병원에 가서 연속 치료를 받지 않으면 다시 처음으로 돌아간다. 아차 싶어 병원에 오면 처음부터 다시 치료해야 하는 것이다.

집 안 소독도 철저히 해야 한다. 개선충은 외부 기생충이다. 쉽게 말하면 이나 벼룩 같은 벌레인 것이다. 개가 몸을 흔들거나 발로 귀를 긁으면 이 벌레가 집 안 구석구석에 떨어진다. 병원에서 아무리 치료를 잘하고 가도 집에서 다시 옮으면 재발한다. 그러나 집 안 소독을 잘하고 착실히 치료를 받으면 거의 완치된다.

개선충 감염은 어떻게 예방할 수 있을까? 먼저 피부병에 걸린 개와 접촉하지 않도록 하면 된다. 개를 데리고 산책을 가면 동네 개를 만나는 경우가 있다. 둘이 잘 아는 사이라면 오랜만에 만났다고, 반갑다고 서로 몸도 비비고 냄새도 맡는다. 이때 상대 개가 피부병이 있다면 주의해야 한다. 그 개가 몸을 자꾸 흔든다든지 귀를 긁는 행동을 한다면 일단 의심하는 것이 좋다. 비듬이 많거나 털이 빠지고 있다면 더욱 주의를 해야 한다. 그렇다고 개를 보자마자 피부 검사한다고 이리저리 살피고 노골적으로 경계하면 개도 사람도 싫어하니 그저 요령껏, 눈치껏 해야 한다.

집 없는 개들은 거의 개선충증에 걸려 있다. 가려우니까 돌아다니면서 길가 기둥이나 풀밭에서 비비고 뒹군다. 그러면 개선충이 그곳에 떨어진다. 바로 그곳에 자신의 개가 들어가 비비고 뒹굴면 당연히 감염된다. 그러니 산책을 할 때도 그런 곳은 피하는 것이 좋다. 문제는 어디가 그런 곳인지 모른다는 거다. 그러면 남은 방법! 산책 후에는 기생충 제거용 샴푸로 목욕을 시키면 된다. 가끔 집 안을 소독하는 것도 좋다.

미용을 하다가 옮는 경우도 있다. 일부 애견 센터나 병원에서 피부병에 걸린 개의 털을 깎은 후 기구를 제대로 소독하지 않아서 피부병을 옮기는 경우가 아주 가끔 있다. 그러니 믿을 만한 동물병원을 선택해서 미용을 시키는 것이 좋다.

기본적으로 피부나 털을 최상의 상태로 유지시키면 피부병 예방에 도움이 된다. 목욕은 일주일에 한 번, 빗질은 하루에 한두 번, 귀 청소는 목욕 후에 꼭! 가능하면 사료도 영양이 충분한 것으로 적정량을 주고, 피부 영양제 같은 것도 주면 좋다. 또 원숭이가 친구 원숭이의 털을 고르며 이를 잡는 것처럼, 가끔씩 피부 구석구석을 살펴보아야 한다.

당연한 이야기지만 병은 예방이 중요하다. 일단 병들면 개 고생, 사람 고생, 돈 고생이다.

개에게
술 먹이지 맙시다!

|1999|02|15|

아침 11시! 병원 문이 열리고 우람한 체구의 손님 세 명이 왔다. 남자 둘, 여자 한 명. 여자 손님의 가슴에는 주인과 꼭 닮은 퍼그 한 마리.

"우리 개가 아파서 왔어요."

"어디가 이상한데요?"

"글쎄요. 잘 모르겠어요."

음, 이럴 때는 좀 다르게 물어본다.

"그럼 왜 아프다고 생각하세요?"

"개가 아침부터 비틀거리고 잘 먹지도 않고 기운도 없고."

퍼그가 잘 안 먹는다면 보통 일이 아니다. 개 중에서도 퍼그란 놈 식성은 알아줄 정도니까.

"예방접종은 했나요? 평소에 뭘 먹이시죠? 개가 스트레스 받은 적은 없나요? 사료 외에 다른 음식 먹인 적은 없나요?"

대답이 가관이다. 서로 자랑하듯 말한다.

"만날 때려요. 여기도 때리고 저기도 때리고."

도대체 개를 왜 키우나? 스트레스 해소용으로 키우나? 그래서 맷집 좋아 보이는 퍼그를 골랐나? 이 녀석이 기가 팍 죽어 보이는 게 이유가

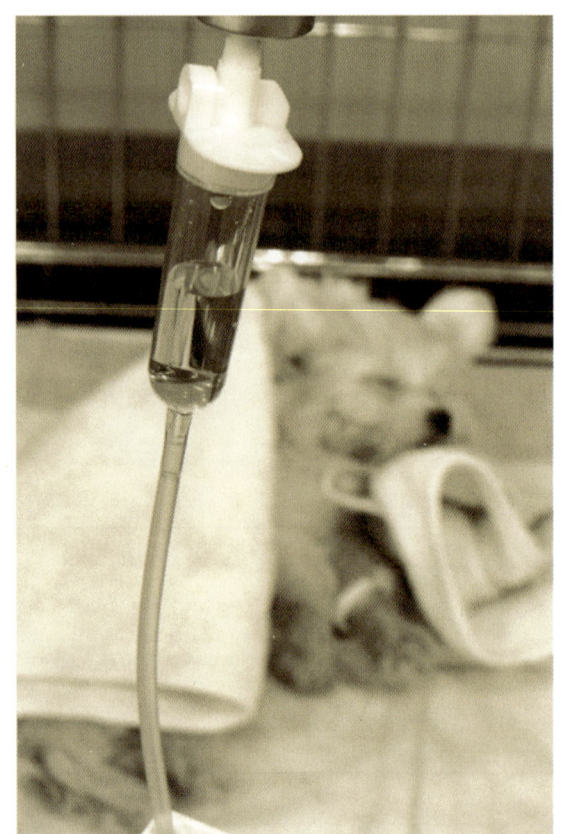

동물이 아프게 되는 많은 이유 중의 하나는 사람들의 부주의로 인한 것이다. 때로는 무관심 때문에, 때로는 악의 없는 장난에도 동물은 고통을 받을 수 있다.

있었구먼. 주인에게 많이 맞는 개는 벌써 눈빛이 다르다. 사람을 경계하며 눈치를 보고, 진료하기 위해 몸을 만지려고 하면 반사적으로 움츠린다. 이 퍼그가 바로 그랬다.

"개를 왜 그렇게 때리고 그래요? 혹시 아프기 전에 먹인 거 있으면 생각나는 대로 말해 보세요."

"없는데…. 아! 어제 소주 한 잔 먹였어요. 조금밖에 안 먹였는데. 근데 이상한 게 밤에 우리가 술 먹고 남은 걸 접시에 부어 놓았는데 자고 일어나니까 하나도 없더라고요."

이 사람들, 정말 바보 아냐? 어쩐지 개가 꼭 술 취한 사람처럼 다리가 풀리고 눈동자도 풀리고 그렇더라니.

주인과 자주 술을 먹어서 개가 술 맛을 안 것일까? 목이 너무 말라 물을 찾다가 물 같은(?) 술이 있어서 마신 걸까? 아니면 주인의 등쌀에 이 세상 맨 정신으로 살기가 힘들어 마신 걸까? 나름대로 괴로운 일이 있어서 마신 걸까? 하긴 나라도 매일 누가 때리면….

하루 종일 수액을 주입하고 기타 처치를 해서 술을 깨게 한 다음 퇴원시켰다.

제발 개에게 술 먹이지 맙시다!

개에게 먹이면 안 되는 음식 : 술! 초콜릿, 양파, 오징어, 겨자, 죽순, 햄, 염분, 문어, 표고버섯, 땅콩, 생선 뼈, 닭 뼈, 고추, 케이크 같은 크림 성분이 있는 음식 등이다. 이렇게 많이 외우기 힘들면 두 가지만 기억하면 된다. 첫째, 사료와 물만 먹인다. (동물용으로 나온 음식은 괜찮다.) 둘째, 먹여도 되는지 안 되는지 아리송할 때는 무조건 안 먹인다.

동물들의
명절 증후군

|1999|02|18|

옛날 같지는 않지만 그래도 설이나 추석에는 평소에 맛볼 수 없는 명절 음식을 많이 장만한다. 오랜만에 가족들이 모여 음식을 나누면서 정도 함께 나누고….

우리의 귀여운 강아지 똘이도 덩달아 신이 난다. 물론 개구쟁이 꼬마들의 장난에 조금은 힘들겠지만 평소에 맛볼 수 없었던 음식을 많이 먹을 수 있기 때문이다. 보통 명절 음식은 고기류가 많고 기름지다. 우리의 똘이는 음식 냄새에 취해 사료는 거들떠보지도 않고 그 먹음직스러운 음식을 노린다.

평소에 개 관리를 잘하는 사람은 이런 음식을 먹이지 않는 게 좋다는 걸 안다. 똘이 역시 자기 주인은 음식을 주지 않는다는 것도 안다. 그러나 명절에는 개를 키워 보지 않은 친척들도 많이 온다. 똘이는 이것도 안다. 그 친척들은 음식을 잘 준다는 걸….

주인이 아무리 주지 말라고 신신당부를 해도 친척들은 왜 먹이지 말아야 하는지 모른다. 그래서 귀여운 똘이가 꼬리만 몇 번 흔들어도 맛있는 음식이 날아온다.

그래서 명절 후에는 설사나 구토 증상으로 내원하는 개가 평소보다

예쁜 몰티즈 '다정'이의 아가들…. 첫 번째 예방접종을 하기 위해 내원했다. 생후 50일, 강아지들이 가장 귀여운 시기. 고만고만한 녀석들의 까만 눈동자가 사랑스럽다. 이 강아지들은 사진을 찍고 얼마 뒤 분양되었다. 언젠가 다시 만나면 서로 알아볼 수 있을까?

많다. 뭐 특별한 문제만 아니라면 2~3일 치료로 좋아지기는 하지만, 아무래도 아프지 않을 때보다는 고생스러울 테니까 조심해야 한다.

명절을 맞아 고향에 내려가는 경우 개의 거취가 문제다. 3~4일 동안 혼자 두려니 걱정이 되고, 누구에게 맡기자니 마땅한 사람도 없고, 데리고 가자니 시골 어른들이 싫어할 것 같고…. 그래서 병원이나 애견 센터에 맡기기도 한다. 이른바 애견 호텔을 이용하는 것이다.

우리 병원에서도 애견 호텔을 운영한다. 호텔 일을 할 때는 나는 수의사가 아니고 호텔 지배인이 된다. 직업에 따라 하는 일도 다르지만 마음가짐이나 옷차림도 달라진다. 호텔 지배인의 경우에는 투숙객들의 불편함을 살펴 주고 편의를 위해 최선을 다해야 한다. 건강한 동물이니 아침저녁으로 산책도 시켜 줘야 한다. 하루 종일 답답한 병원에 갇혀 있으면 힘들 테니까. 우리 병원 특공 미용사 언니가 산책 담당이다.

병원에서는 절대 대소변을 보지 않는 깔끔한 성격의 개도 있다. 또 길에서, 그것도 꼭 흙에서만 용변을 보는 개도 있다. 만약 그런 개를 실내에만 사나흘 두게 되면 변비가 걸리기도 한다. 그래서 호텔을 이용하는 손님 개의 특징을 미리 체크해 두어야 한다. (이것은 개를 맡는 병원에서 해야 할 일이고, 맡기는 고객의 입장이라면 꼭 이런 특징들을 말해 주어야 한다.)

음식을 가리는 녀석도 있다. 그냥 사료만(아무 사료나 다) 줘도 잘 먹는 녀석들도 있지만 어떤 녀석은 사람이 먹는 밥만 먹는 경우도 있고, 강아지용 고기 캔만 먹는 경우도 있다. 이 경우에는 주인들이 약간의 먹이를 가져오기도 하고, 집에서 밥을 해서 병원에 가져와서 먹이는 경우도 있다. 어쨌든 밥을 굶길 수는 없으니까.

아주 예민한 녀석들은 병원에 온 그날부터 전혀 먹지 않는다. 식사는 물론 용변도 거의 보지 않는다. 아무리 건강한 개도 사나흘을 굶으면 주인이 데려갈 즈음에는 많이 야위어 있기도 한다. 때로는 아프기도 하고. 이럴 때는 참 힘들고 곤란하다.

개 주인 때문에 곤란해질 때도 있다. 오기로 한 날짜에 오지 않는 거다. 무슨 일이 있어 하루 이틀 정도 늦는다면 전화라도 해 주어야 하는데, 연락도 없이 일주일 이상 찾아가지 않으면 '이거 또 집 없는 개 생기는 거 아냐.' 하며 걱정이 된다. 가끔, 아주 가끔이지만 호텔에 맡기고 찾아가지 않는(의도적으로) 경우가 있기 때문이다. 그래서 병원에 따라 연락 없이 일주일 이상의 기간이 경과하면 임의로 개를 처분한다는 서약서를 받는 곳도 있다. (임의 처분이란 개를 키울 만한 다른 사람에게 주는 것을 말한다.)

모든 일이 그렇듯이 이 역시 문제 있는 사람들 때문에 생기는 일이다.

일이 있어 늦어지면 꼭 연락을 주세요! 개도 수의사도 목 빠지게 기다립니다!

개는 억울하다!

|1999|02|25|

몇 년 전에 이런 말이 돌았다. 한때 날리던 유명한 남자 탤런트 B씨는 누구나 알아주는 애견가였는데, 아들이 죽어 부검을 해 보니 기관지와 폐에 개털이 가득하더란다. 이런 소문에 한때 개 키우는 사람들이 겁을 먹고 개를 없애는 소동이 벌어졌다. 요즈음은 이런 이야기가 쑥 들어갔지만 아직도 그렇게 생각하는 사람들이 종종 있다.

임신한 부인들은 이런 문의를 자주 한다.

"개를 계속 키워도 될까요? 어른들이 개 없애라고 그러시는데 어떻게 하면 좋아요? 10년 넘게 키워 온 개인데."

아이가 잔기침을 자주 하고 호흡기 질환이 잦은 경우 이런 말도 한다.

"이비인후과에 갔더니 개 알레르기래요. 우리 개 어디 보낼 데 좀 알아봐 주세요. 마음은 아프지만 어떻게 해요."

개를 어디론가 보낸 후 나는 묻는다.

"그래, 애는 좀 좋아졌어요?"

"아니요, 아직도 그러네요."

이처럼 개가 갖가지 오해를 받아 누명을 쓰고 쫓겨나는 경우가 많다. 기본적인 자기 변호의 기회도 얻지 못한 채.

동물의 운명은 어떤 보호자를 만나느냐에 따라 달라지는 것 같다. 집 없는 유기견이었던 '양'이는 다행히 착한 보호자를 만났다. 병원 근처의 대학을 다니는 착한 학생들이 우연히 발견하여 병이 치료도 받고 아주 사랑받으면서 살고 있다.

개는 억울하다! 93

첫 번째 경우, 탤런트 B씨가 한 애견지 인터뷰에서 직접 밝혔는데 그런 일은 없었다고 한다. 아들은 미국에 있는 학교에 다니며 잘만 살고 있단다.

의학적 상식이 조금만 있어도 누구나 알 수 있는 이야기다. 개털이 기관지나 폐까지 들어가는 일은 도저히 있을 수 없다. 인체 기관이 그렇게 허술하지는 않다. 호흡기에는 외부에서 들어온 이물을 거르는 장치가 이중 삼중으로 되어 있다. 가래나 기침을 통해 먼지를 내보내는 것이다. 호흡기까지 갈 수 있는 입자는 쉽게 말해 담배 연기같이 미세한 정도의 크기이다. 생각해 보라. 개털이 아주 작다고 해도 얼마나 작겠나.

내 생각에는 개를 싫어하는 사람들이 만들어 낸 이야기인 것 같다. 개털이 그 정도의 문제를 일으킨다면 다른 요인들은 또 얼마나 많을까? 걱정 마시길.

두 번째, 임신한 부인의 경우. 물론 개에게는 사람과 공통으로 문제가 되는 질병들이 있다. 톡소플라즈마(Toxoplasma)라는 기생충이 임산부에게 유산을 일으키는 경우도 있다고 한다. 그러나 이런 보고는 극히 드물다. 요즈음이야 예방접종, 기생충 구제 등을 철저히 하고 사람 못지않게 위생적인 환경에서 개를 키우니 그럴 일은 거의 없다고 봐도 된다. 아마 그런 일이 있다면 9시 뉴스에 나올 거다.

마지막으로 호흡기 질환이 있는 경우. 물론 그럴 수도 있다. 개 알레르기가 있어서 개를 도저히 기를 수 없는 사람도 있다. 문제는 정확한 검사도 하지 않고 개를 키운다면 일차적으로 개가 누명을 쓰는 경우가 많다는 것이다. 알레르기를 일으키는 원인은 아주 많다. 혹시 의사가 개를 범인으로 몰면 다시 한 번 검사를 하는 게 좋겠다.

제발
밥 좀 먹여요!

|1999|03|01|

한 아주머니와 소녀가 병원에 왔다. 아주머니의 품속에는 약 40일령 쯤 되어 보이는 하얀 몰티즈 한 마리가 초점 없는 눈을 힘없이 뜨고 있었다.

"어떻게 오셨어요?"

"강아지가 힘이 없고 똥도 안 싸고 이상해요."

강아지를 받아 드는 순간, 내 손의 감각을 의심했다. 말라도 너무 말랐다. 힘도 거의 없고.

"언제부터 이랬어요?"

"글쎄요. 사 올 땐 뛰어다니기도 하고 밥도 잘 먹고 그랬는데."

"설사나 구토 했어요?"

"아니요."

"뭘 먹이세요?"

"사 온 데서 사료만 먹이라고 해서 사료만 먹였어요."

"얼마나요?"

"두 알이요."

"하루에 몇 번이요?"

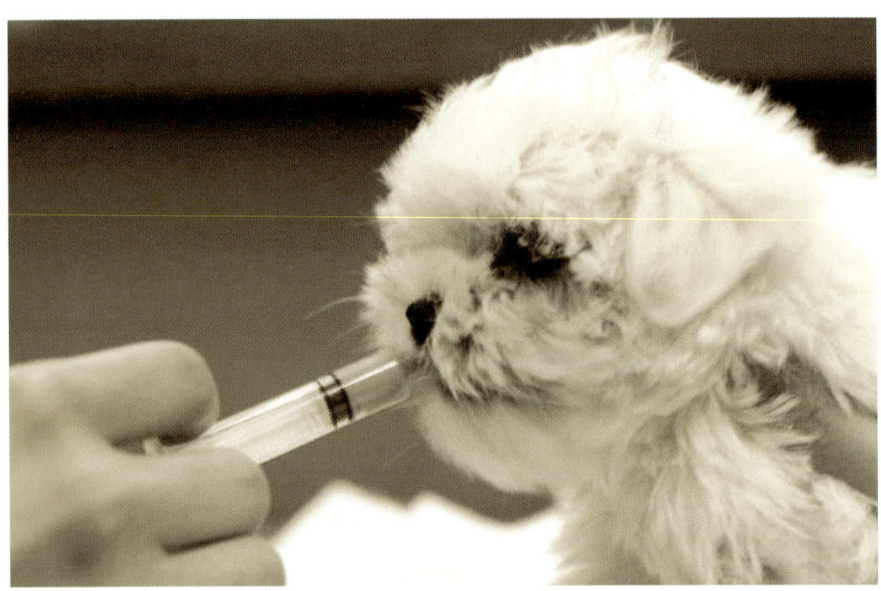

극심한 영양실조로 입원 치료 중인 강아지. 소화가 잘 되는 유동식을 주사기로 먹이고 있다. 사람들의 잘못된 관리가 동물 질병의 상당한 원인이 되고 있다. 공부 좀 하면서 기릅시다!

"두 번이요."

하루에 두 알씩 두 번, 네 알이네.

"그래, 며칠이나 그렇게 먹였어요?"

"10일이요."

개가 아직 안 죽은 게 이상하네.

이 사람은 좀 심했지만 비슷한 경우가 많다. 사람들은 자신의 개가 작게 크기를 바란다. 우리나라 주택 구조도 그렇고 데리고 다니기도 그렇고 해서 작은 개를 좋아하는 것 같다.

살 때도 작은 개가 비싼 개라고 생각하고, 다른 사람 개를 봐도 작으면 좋은 개라고 생각하고, 자기 개가 좀 크면 부끄러워한다. 어떤 사람은 강아지를 샀다가 커지면 다른 곳에 보내고 또 사고, 그 개가 예상 외로 커지면 또 다른 사람 주고 또 사고, 이 과정을 반복한다.

"아니, 왜 그렇게 먹이를 적게 주세요?"

"개가 크면 어떡해요? 큰 개는 싫거든요."

큰 개가 싫으면 작은 종자로 사면 되지, 왜 코커 스패니얼 같은 개를 사고는 2킬로그램이 넘지 않기를 바라는 걸까.

그런 사람들이 많다. 개는 배가 고파 말라 가고 성격도 날카로워지고 쓰레기통이나 뒤지는데도 주인은 개가 작다고 좋아하고. 아무리 설득을 해도 안 된다. 죽어도 자기 개는 작게 키워야 한단다. 참, 나.

얼마 전에도 이런 손님이 있었다. 스쯔였는데 분양 받아 올 때부터 자랑이 이만저만이 아니었다. 이렇게 작은 개는 처음이라느니, 사료는 하루에 두 번씩 요만큼만 준다느니, 이번 개는 아주 작게 키울 거라느니….

어떻게 됐냐고? 얼마 전에 쓰레기통에 있는 상한 음식 먹고 식중독 걸려 하늘나라로 갔다. 워낙 기초 체력이 약했으니 치료가 제대로 될 리가 없지.

개한테 무슨 낙이 있겠는가? 주인에게 사랑받으며 제때 맛난 음식 먹고 따뜻한 집에서 잘 자고…. 그게 전부 아닌가. 그런데 주인의 욕심 때문에 이렇게 소박한 강아지의 꿈을 산산이 짓밟다니.

모든 게 먹고살자고 하는 일이니 제발 강아지에게도 기본적인 먹이 제공을 합시다!

개가 나쁜가?
사람이 나쁘지!

|1999|03|19|

얼마 전 방송된 토론 프로그램 때문에 속이 상한다.

'아파트에서 동물을 키워도 되는가.'라는 주제로 각각 찬성 또는 반대의 입장을 가진 패널들이 참가했는데, 보다 보니 좀 어이가 없었다.

토론 프로그램이라는 게 뭔가. 어떤 주제에 대하여 패널들이 자신의 생각을 말하면, 시청자들은 양측의 주장을 들으면서 자신들이 미처 생각하지 못했던 부분을 이해하며 그 문제에 대해 다시 한 번 생각하게 하는 것이 그 목적이라고 나는 생각한다.

그러기 위해서는 양측의 내용을 공평하게 들려주는 것이 우선이다. 그러나 PD의 잘못된 편집으로 한쪽의 주장만을 집중적으로 보여 준다면 PD가 의도한 방향으로 시청자의 판단을 유도하는 결과를 낳게 된다. 그 토론 프로그램이 그랬다.

아파트에서 동물을 키우면 병균이 벽을 타고 옆집으로 전파되어 각종 질병을 일으킬 수 있다는 반대측 패널의 발언을 근거로, 어떤 아파트에서는 동물을 키우는 가정에 벌금을 물린다고 한다.

일반적인 상식과 교양을 가진 사람이 일반적이고 정상적인 동물을 키운다면 문제가 될 것이 없다. 무슨 이야기냐 하면, 자신이 키우는 동물 임신 중인 요크셔테리어 '공주'. 카메라를 들이대니 귀엽게 고개를 갸웃둥거린다. 신기한가 보다. 곧 귀여운 아기들의 엄마가 되는 공주. 동물을 키우면서 제일 뿌듯해 시간이 흐르는 때가 바로 새끼를 갖고 낳기까지의 기간이다.

의 위생 관리를 잘하고 옆집에 피해를 줄 만한 행동을 하지 않는다면 문제가 없다는 뜻이다. 동물의 배설물을 깨끗이 처리하고, 때맞추어 예방접종도 철저히 하고, 시도 때도 없이 짖거나 으르렁대서 옆집 사람의 생활에 불편을 주지 않는다면 아무런 문제가 없다. 동물을 끔찍이 싫어해 사람과 같이 산다는 것 자체를 문제 삼는다면 그건 그 사람이 문제지.

그런 것까지 문제 삼는다면 그 이상의 문젯거리가 너무나 많다. 위층에서 시도 때도 없이 쿵쾅거리는 아이들, 새벽 5시만 되면 마늘 찧는 소리를 내는 윗집(무려 1시간쯤이나 쿵쿵거린다. 직접 당한 일이다.), 손님들이 몰려와 새벽까지 술 마시고 노래하는 이웃…. 이렇게 직접적인 피해를 입히는 사람들도 많은데, 단지 동물이라는 이유만으로 싫어한다면 그거야말로 진짜 문제 있다!

개를 비위생적으로 키우거나(피부병을 앓게 하거나 예방접종도 안 하고 기생충 약도 안 먹이는 사람), 복도나 엘리베이터 등 아무 데서나 실례하거나(그런 개와 배설물을 그냥 두고 가 버리는 몰염치한 주인), 아무 때나 짖거나, 아파트에서 기르기에는 너무 악취를 풍기는 동물(스컹크?)이나 너무 큰 동물(곰, 호랑이?) 등을 키우는 경우라면 나도 반대다.

내가 하고 싶은 말은 이거다. 아파트에서 동물을 키우는 것 자체를 반대하지 말고, 같이 사는 방법을 모르는 사람들을 반대하라는 거다. 참고로 말하자면, 아파트에서 동물을 키우는 사람들에게 벌금을 물게 하는 것 자체가 불법이다.

한 가지 더! 애완동물을 데리고 버스를 탈 수 있는가? 결론적으로 말하면 탈 수 있다.

'여객자동차 안전운행규칙' 제30조 제2항을 보면 "여객이 자동차 안으로 가지고 들어올 수 있는 동물은 다른 사람에게 피해를 끼칠 염려가 없는 애완용의 작은 동물과 맹인의 인도견으로 한다."고 규정하고 있다. 다시 말해서 다른 승객에게 위해나 불쾌감을 주지 않는 범위 내에서라면 애완동물과 함께 대중교통을 이용할 수 있다는 것이다.

예전의 운수사업법에서는 법규를 위반할 경우 운수 사업자만 처벌을 받았지만, 1998년 7월 21일부터는 운수 당사자(운전기사)도 20만 원의 과태료 처벌을 받는다. 또한 다른 승객에게 위화감이나 불쾌감을 주는 동물을 동반하여 탑승한 승객도 20만 원의 과태료 처벌을 받는다.

때로는 가제트
팔이 갖고 싶다

|1999|03|22|

얼마 전의 일이다.

"삐리리~~~."

"원장님, 어떻게 해요?" ㅠ.ㅠ

"왜요?"

"찡코가요… 찡코가요…."

"찡코가 왜요?"

"항문에 소시지 같은 게 붙어 있어요."

"언제부터요?"

"몰라요. 자고 일어나니까…."

"데리고 와 보세요."

퍼그 찡코가 왔다.

"어디 소시지 한번 볼까. 직장탈이네요."

직장이 약 8센티미터 정도 빠져나왔다. 조금 나온 거라면 집어넣고 치료를 하면 되는데 좀 심하게 빠져나왔다. 오늘 나온 게 아니라 벌써 사흘 정도 되었다고 한다. 직장 색깔이 이미 검붉게 변해 가고 있었다. 수술해야 한다.

먼저 빠져나온 직장 부분에 원통형 봉(유리봉이나 주사기)을 꽂은 후에 절제할 부분을 정하고 그 절제면 앞부분 주위를 뼁 둘러 가며 꿰맨다. 그 다음 꿰맨 뒷부분의 튀어나온 장을 잘라 내고 잘린 절단면을 다시 꿰매고….

말은 간단하지만 실제 수술을 하자면 여러 가지로 복잡하다. 제일 힘든 것은 꽂아 놓은 주사기가 자꾸 밀려 나오는 것이다. 장벽이라는 것이 원래 미끄러운데다 그렇다고 어디다가 봉을 묶어 놓을 수도 없고.

수술할 때마다 느끼는 거지만 손이 세 개만 되어도 참 좋겠다. 왼손으로 포셉 잡고, 오른손으로 다른 수술 도구 잡고, 다른 손으로 또 하나 다른 도구 잡고…. ^^ 이렇게 하면 수술하기 참 좋을 텐데. 나와랏, 만능 수의사 팔! 가제트가 되고 싶다.

수술을 끝내고 며칠 입원 처치를 하니 제법 잘 먹고 변도 잘 보기에 퇴원시켰다. 그리고 한동안 무소식. 원래 병원에서는 무소식이 희소식이다. 퇴원하고 가서 문제가 생기면 전화가 올 텐데 연락이 없다면 아무 일 없이 잘살고 있다는 말이니까.

그런데 오늘 찡코 주인이 나타났다.

"찡코가요…."

"왜요?"

"또 그래요."

"엥? 또요? 안 그럴 텐데…?"

"또 그래요."

"그래요…? 데리고 와 보세요."

찡코가 왔다.

너무너무 심한 피부병에 걸려 치료를 받았던 '뭉치'. 피부병이 어느 정도 나을 무렵 방광 결석이 확인되었다. 수술 후 입원 치료를 받고 있는 뭉치를 찍었는데, 갑자기 〈스타 워즈〉 시리즈의 다스 베이더가 연상되어 한참을 웃었다. 지금은 완쾌되어 건강하게 지내고 있다.

"어디 봅시다. 또 직장탈이 오는 경우는 별로 없는데…."
 이번에는 직장탈이 아니라 질탈이었다. 암캐의 경우 항문 밑에 외음부가 있고 외음부 바로 안쪽이 질, 그 안쪽이 자궁인데, 질벽이 외음부 밖으로 빠져나온 것이다.

 개의 질탈은 거의 발정 전기와 발정기에 국한되어 발생하며, 가끔 임신 말기에 일어나기도 한다. 원인은 발정 전기와 발정기에 에스트로겐(estrogen, 암컷의 호르몬)이 분비되어 질 점막이 부종으로 비대해지는 것과 회음부의 모든 조직이 이완되는 것이다. 또한 교배할 때 수컷이 암컷보다 너무 큰 경우, 교배 도중에 무리하게 떼어 놓는 것 등이 원인이 되기도 한다. 가벼운 질탈이면 그냥 두어도 발정이 끝나면 자연히 회복되지만, 상태가 심하면 수술을 해야 한다. 주로 질벽 절개 수술과 난소 자궁 적출술을 한다. 수술할 때는 요도가 손상되지 않도록 요도에서 방광에 이르는 길에 요도 카테터를 삽입한다.

"찡코는 참 여러 가지 하네요. 직장탈에 질탈이라니."
"죽지 않아요?"
"그 정도로 큰 문제는 아닙니다. 수술 잘하고 치료 잘하면…. 며칠 고생은 하겠네요."

 사실 질탈을 직접 보는 것은 이번이 처음이다. 직장탈은 종종 보고 수술도 해 봤는데.
 전에 이런 질문을 받은 적이 있다.

"원장님! 만약 처음 보는 증상이나 처음 하는 수술이면 어떻게 해요? 자신 없어도 큰소리치고 맡아서 해요? 아님 다른 큰 병원에 보내요?"

뭐라고 대답해야 잘 대답했다고 소문이 날까. 좀 곤란한 질문이다. 사람이 뭐든지 다 잘할 수는 없으니까. 그렇다고 모른다고 말하자니 좀 그렇고, 모르는 것을 안다고 거짓말하기도 그렇고. 난 이렇게 대답했다.

"공부해야지."

질탈. 처음 해 보는 수술이다. 책이 왜 있나? 모르면 찾아보라고 있는 게 아닌가. 훌륭한 선배 수의사들이 나 같은 후배를 위해 쓴 좋은 외과 책이 있어서 찾아봤다. 친절하게 그림까지 그려져 있어서 열심히 봤다. 그리고 무사히 수술을 끝냈다.

지금 찡코는 따뜻한 난로 옆에서 수액을 맞으며 나른한 눈동자로 나를 보고 있다. 이 녀석은 지금 자기 이야기를 쓰고 있는 줄 알까?

2장

수의사는 똥을 두려워하지 않는다!

1999년 4월 ~ 1999년 12월

수의사
국가 고시 작전

| 1999 | 04 | 02 |

　예전에 비해 수의사에 대한 관심이 커진 것 같다. 요즘 병원에 오는 청소년 보호자 중에는 수의사를 희망하는 사람이 많다. 자연히 어떻게 해야 수의사가 되는지 질문도 많고.

　수의사가 되려면 수의과 대학을 졸업하고 수의사 국가 고시에 합격해야 한다. 열심히 공부해도 수의사 국가 고시에 떨어지면 말짱 꽝이다. 수의사 자격증이 나오지 않기 때문이다. 무엇보다 시험에 떨어지면 그 무슨 창피인가. 수의사 국가 고시, 수의과 대학 학생들에게는 악몽 같지만 그 나름의 재미가 있다.

　보통 수의과 대학 4학년 초부터 슬슬 수의사 국가 고시를 준비한다. 다른 학과의 졸업 학점이 140학점인 데 비해 수의학과는 본과 4년에 160학점이다. (6년제 학제로 바뀐 지금도 예과 2년 68~80학점, 본과 4년 160학점이 기본인 것으로 알고 있다.) 20학점 차이. 별것 아닌 것 같지만 수업량이 두 배는 될 것이다. 대개 1학점당 수업이 1시간이지만, 이공 계열은 실습이라는 것이 있다. 고약한 것은 이 실습이라는 게 한번 시작하면 언제 끝날지 알 수 없다는 것이다. 그 수업 시간에 도달해야 할 수준이 되지 못하면 끝나지 않으니까. 더 고약한 것은 인문·사회 계열 학생들은 4학년 중반만 되어도 수업이 일주일에 2~3시간밖에 안 돼서 취업 준비니 어쩌니 하면서 등교도 잘 안 하는데, 수의학과 학생들은 하루에 7~8시간 이상씩 되는 수업 쫓아다니느라 큰 가방 둘러메고 거의 고등학생처럼 정신이 없다. 나는 도시락도 세 개나 싸 가지고 다녔다. (절대 내가 밥을 많이 먹어서가 아니다. 새벽에 나왔다가 자정에나 들어갔는데, 가난한 학생이라 돈도 없고 또 밥 먹으러 돌아다니는 시간이라도 아끼려는 생각에서 그런 거다.) 고등학교 때 이렇게 공부했으면….

국가 고시 문제는 전국 수의과 대학 교수님들이 출제한다. 시험 과목은 총 10과목. 각 과목당 40점 미만은 과락이라고 해서 낙방! 평균 60점 미만도 낙방! 전국에 수의학과가 10개인데 학교당 한두 명, 과목당 한두 명, 이렇게 20명의 교수들이 시험 얼마 전에 선택되어 감금(?) 상태에서 문제를 출제한다.

우리 학교 교수가 출제하는 과목은 평소에 그 교수의 강의를 듣고 시험을 치니까 스타일을 알 수 있기 때문에 별 문제가 되지 않았다. 문제는 다른 학교 교수들에 대한 대책이 없다는 것이었다. 우리 학교 교수들과 전공 과목도 약간 다르고 한 번도 보지 못한 사람인데 어떻게 알 수 있단 말인가?

물론 학문이야 다 같다고는 하지만 그게 말 같지 않다는 말씀이다. 그래서 수의학과 대대로 내려오는 '국가 고시 위원장'이라는 직책을 맡은 이가 학교마다 한 명씩 있다. 이 거창한 이름의 국가 고시 위원장의 정체는 뭘까? 그것은 바로 정기적으로 서로 정보를 교환하기 위해 각 학교에서 뽑은 대표를 말한다. 특히 자기 학교에서 어떤 교수가 출제 위원으로 뽑힐 것인지 미리 점쳐 보기도 하고 서로 시험 문제를 교환하기도 하는 아주 막중한 임무를 띤 우리의 대표인 것이다.

여름 방학을 즈음해 학생들은 스터디 그룹을 결성한다. 5~7명씩 한 팀이 되어 국가 고시 공부를 하는 것이다. 그런데 이 팀이 또 중요하다. 오랫동안 힘든 과정을 거쳐야 하므로 티격태격하다가 서로 사이가 나빠져서 공부도 못하고 국가 고시까지 망치게 되는 경우가 종종 있다.

나는 누구를 선택해서 그룹을 만든다는 게 별로 내키지 않았다. 그래서 그룹이 다 만들어진 후 남은 친구들을 모아서 한 팀을 만들었다. 다른 팀들은 서로서로 마음을 맞춰서 만들었다고 하는데, 우리 팀은 만들고 남은 왕따(?)들만 모여서 그런지 성격이 제각각이었다. 그래서 좀 힘들기는 했지만 다들 합격을 했다. 별로 친한 사이가 아니라 놀러 다니지도 않고 공부만 해서 그랬는지도 모르겠다.

국가 고시 시험 일주일 전, 상경을 한다. 국가 고시 위원장들이 미리 섭외해 둔 호텔로 전국 10개 수의학과 4학년 학생들이 집결하는 것이다. 바로 이 호텔에서의 5일 동안이 수의사 국가 고시의 하이라이트이다. 학생이 웬 호텔이냐고 하겠지만, 국가 고시를 치르는 학생은 재수생까지 합하면 500~600명에 이른다. 이 정도 인원이 합숙을 할 만한 곳은 호텔밖에 없다. (단체 계약이라 많이 할인된다.)

자리를 잡고 짐을 푼 후 학생들은 본격적인 작전(?)에 돌입한다. 이미 출제 위원들은 감금(?) 상태에서 문제를 출제하고 있을 테고, 어느 대학 어느 교수가 낙점을 받았는지는 모두 알게 된 상태다. 이제 그 교수가 속한 학교는 그 과목을 책임지고 정보를 알려 주어야 할 의무가 있다. 평소 그 교수의 강의 내용, 시험 문제 성향 등을 상세히 정리한 일명 엑스 파일을 복사하여 각 학교 캠프로 보내면, 4학년을 따라온 2~3학년 학생들이 발에 땀나게 뛰어다니며 복사해서 각 방에 돌리고, 4학년들은 방에서 그 자료를 받아서 읽고 또 읽고, 보고 또 보고…. 말이 족보고, 엑스 파일이지 5일 동안 받은 자료량이 4학년 1년 동안 받은 양보다 더 많다. 괴롭다. 정말 사람 피 말린다.

호텔 생활 한다고 혹시 부러워하는 사람이 있을까? 말만 호텔 생활이다. 난 아직도 그 호텔 로비가 어디 붙어 있는지, 사우나장이 어딘지, 있는지 없는지조차 모른다. 5일 동안 방에만 틀어박혀 문제만 풀었으니.

보통 3명이 한 방을 쓴다. 남자들이 쓰는 방은 담배, 재떨이, 양말 등으로 지저분하기 일쑤고 옷도 최대한 가볍게 입고 최대한 편한 자세로 공부를 한다. 곳곳마다 자료도 붙여 놓는다. 심지어 화장실까지. 여학생의 방은 그나마 좀 낫다. 급박한 상황에서도 여자다움을 잃지 않으려는 모습을 보이고 있다고 말하고 싶지만 똑같다, 남자들이랑. 상황이 상황인지라 역시 정신이 없다. 다른 점이라면 옷을 제대로 입고 있다는 것 정도일까.

첫날이나 이틀날은 서울에 있는 선배들이 찾아오면 너무 반갑다. 후배들 응원차 왔으니 맛있는 것도 좀 사 온다. 제법 여유 있게 이야기도 나누고 간간이 웃음소리도 흘러나온다. 사흘째 오는 선배들은 그래도 웃으면서 반긴다. 하지만 네댓새째 밤에는 누구도 오지 않는다. 이미 유경험자라 그때쯤 되면 결코 환영 받지 못한다는 걸 잘 알기 때문이다.

처음 사흘 동안은 여유만만한 모습을 보이던 학생들도 나흘이 지나고 닷새째(시험 전날)가 되면 시험에 대한 불안감과 과중한 양의 유인물에 눌려 극도로 예민해지는 것이다. 대학에 다니는 동안 열심히 공부하고 또 호텔에서 열심히만 하면 어지간해서는 붙는다고는 하지만, 혹시나 하는 마음에서 그렇게 초조한 것이다.

드디어 국가 고시 시험일. 새벽같이 일어나 물에 밥 말아 먹고 미리 예약해 둔 버스에 나눠 타고 시험장으로 간다. 그때서야 다른 학교 학생들도 그 호텔에 있었다는 걸 새삼 느끼게 된다. 시험 보는 날은 왜 그렇게 추운 건지, 내가 시험을 치른 그날도 너무 추워서 얼마나 고생했는지.

시험은 학교별 구분 없이 무작위로 정해진 자리에 앉아서 본다. 시험 감독관도 한 교실에 세 명이나 된다. 한 과목 점수가 40점 미만이면 과락! 낙방! 10과목 평균 점수가 60점 미만이면 낙방! 일단 어려운 문제는 미루고 쉬운 문제부터 푼다. 다 풀고 나서 확실히 맞다 싶은 문제 수를 세어 본다. 60점이 넘겠네, 하면 나머지는 부담 없이 풀어 주고 나온다.

시험 문제를 다 풀면 시험장에서 나갈 수 있다. 1, 2, 3교시 때는 사람들이 시험 시작 후 30분 정도 되면 하나 둘 나가기 시작해 40~50분 정도 되면 거의 다 나갔는데 마지막 시험, 병리학과 수의법규가 있었던 시간에는 시험 시간이 다 끝날 때까지 아무도 나가지 않는 거였다. 이때 병리학과 수의법규가 좀 어려웠다. 바깥에는 EBS 취재팀이 취재차 나와 있었다. '에~ 오늘 수의사 국가 고시를 치른 ○○학교 교정에서 수험생과 몇 마디 나누겠습니다. 오늘 시험은 어땠나요?' 뭐, 이런 식의 인터뷰를 따러 왔겠지. 그런데 아무도 안 나가는 거다. 병리학 때문이다.

병리학 시험은 우리 학교 교수님께서 반 정도 출제한 것인데, 그 교수님 스타일이 문제 하나에 4~5가지의 문제를 섞는 아주 공포스러운 유형의 문제를 출제하는 것이었다. 그 교수님이 출제 위원이라는 걸 알고 우리는 '설마 국가 고시 문제까지 그렇게 내지는 않겠지.' 하며 서로 얼굴을 보며 애써 웃기까지 했는데, 이럴 수가!

우리 학교 학생들은 그나마 이런 스타일에 익숙해져 있어서 '이럴 수가!' 하는 정도였지만, 다른 학교 학생들의 얼굴은 아예 공포 그 자체였다. (그해 국가 고시의 최대 화제가 병리학이었다.) 한 과목의 시험을 두 분의 교수님이 출제하는데, 다른 한 분이 출제한 문제가 그나마 평이한 것이 다행이라면 다행이랄까.

사람들이 너무 안 나가니 좀이 쑤셨다. 확실히 정답인 듯한 문제를 세어 봤다. 낙방할 정도는 아니었다. 과감하게 시험지 내고 나왔다. (빨리 나가면 EBS TV에 한번 나갈 수 있지 않을까 해서. 근데 어떤 녀석이 먼저 찍고 있더라고. -_-;;) 나가면서 뒤를 힐끗 보니, 남아 있는 사람들의 얼굴빛이 노랗게 떴다.

그렇게 시험이 끝나고 모두들 노랗게 뜬 얼굴로 땅만 보면서 한숨만 파악~~~~. 출제 위원이었던 우리 학교 병리학 교수와 우리 학교로 비난의 화살이 빗발쳤다. 결국 우리 학교 국가 고시 위원장은 책임을 다하지 못했다는 자책감에 어디론가 사라지고, 모두들 불안한 마음으로 집으로 돌아갔다. 한 사람만 빼고.

그 한 사람은 어디로 갔을까? 그 학생의 가방은 다른 사람에 비해 유난히 컸다. 시험 다음날 새벽에 태국으로 배낭여행을 간다고 했다. 저 녀석은 국가 고시 붙으려나? 시험보다는 배낭여행에 정신이 팔려 있으니 공부나 제대로 했을지 몰라. 어쨌든 그 학생은 시험 끝나고 배낭여행을 무사히 다녀왔다고 한다. 까맣게 탄 얼굴로 이런저런 이야기를 늘어놓았다는데….

그 학생은 국가 고시에 합격했을까? 지금 뭐 하고 있을까? 뭐 하긴! 이 글 쓰고 있지. ^^

작은 동물병원
✿ 수의사의 고민

|1999|04|05|

우리 병원은 크지 않다. 그냥 어디서나 흔히 볼 수 있는 규모다. 강남에 있는 이름만 대면 아는 잘나가는 병원에서 인턴 시절을 보냈고, 수의사 2년차 때는 홍제동에 있는 제법 잘나가는 병원에서 일했다. 그 후 개업을 했는데, 개업이라는 것이 의욕만 가지고 되는 일이 아니라 경제적인 여건도 큰 문제가 되기 때문에 조그마한 병원을 운영하게 되었다. 그때가 1996년 3월이었다.

개업을 준비하려고 여기저기 돌아다녔다. 그해 1월부터 2월 말까지. 밤에 근무하는 병원에서 야근을 마친 후 아침 9시에 퇴근해서 집에 잠깐 들러 아침 먹고 서울을 돌아다니는 거다. 옆구리에 서울 지도 하나 끼고서. 그 지도에는 현재 개업 중인 병원의 이름과 규모, 그리고 원장의 인적 사항이 간단히 적혀 있었다. 두 달 동안 발에 물집이 생기도록 걸어다니면서 부동산에도 들러 보고 선배들 병원에 들러 그 근방의 정보도 좀 얻고, 그렇게 해서 지금의 자리에 병원을 개업했다. 다른 곳에 비해 임대료도 비싸지 않았고, 내가 보기에는 자리도 괜찮은 것 같았다. 개업 후 한동안은 작전대로(?) 잘나가고 있었다. IMF 이전까지는.

요즈음에는 상황이 많이 바뀌었다. 약국이 그랬던 것처럼 언젠가부터 동물병원도 점차 대형화되는 추세다. 문제는 돈을 많이 벌기 위한 대형화가 아니라 살아남기 위한 대형화라는 점이다. 기존 방식의 병원 운영으로는 경쟁력이 없으니 대형화되고 있는 것이다.

우리 병원 근처만 해도 그렇다. 벌써 두 군데나 '펑!' 튀겨져서 대형 병원이 되었다. 어젯밤에 확장 개업을 한 옆 병원에 갔다 왔는데, 부럽기도 하고 위기감도 느껴지고 나도 대책을 세워야 하지 않나 하는 여러 가지 생각이 교차했다.

항상 느끼는 거지만 돈이 웬수다. 가진 게 의욕과 젊음밖에 없는 나 같은 수의사에게는 힘든 일이 많다. 나는 수의학적 실력이 남들보다 뛰어나지도 않고 경영 능력이 탁월한 것도 아니고 경제력이 있는 사람도 아니다. 한마디로 별로 능력이 있는 편이 아니다.

이렇게 동물병원이 대형화되니 작은 병원 원장님들은 동물병원도 합병이나 빅딜을 해야 하는 게 아닌가 생각하는 분들이 많은 것 같다. 서로 전공 분야가 다른 수의사들이 함께 병원을 운영하면서 고객에게 보다 양질의 진료를 서비스하고, 혼자라서 할 수 없었던 새로운 치료 방법이나 기법들을 공부하고….

그러나 작은 병원의 장점도 분명히 있다. 고객이 많지 않으니 손님들을 일일이 기억할 수가 있다. 그 집에 무슨 일이 있는지, 동물은 잘 크는지 등을 충분히 이야기할 수 있다. 또 시간적인 여유가 있으니 보고 싶은 책도 볼 수 있고 공부도 할 수 있다. 내가 통신도 하고 홈페이지도 만들고 간단한 병원 관리 프로그램을 만들어 쓰는 것도 다 그 덕이다. 누가 놀러 와도 시간을 낼 수 있어서 좋다. 바쁘다고 사람 앉혀 놓고 다른 일 하면 나도 미안하고 놀러 오는 사람도 눈치 보여 편하지 않을 텐데,

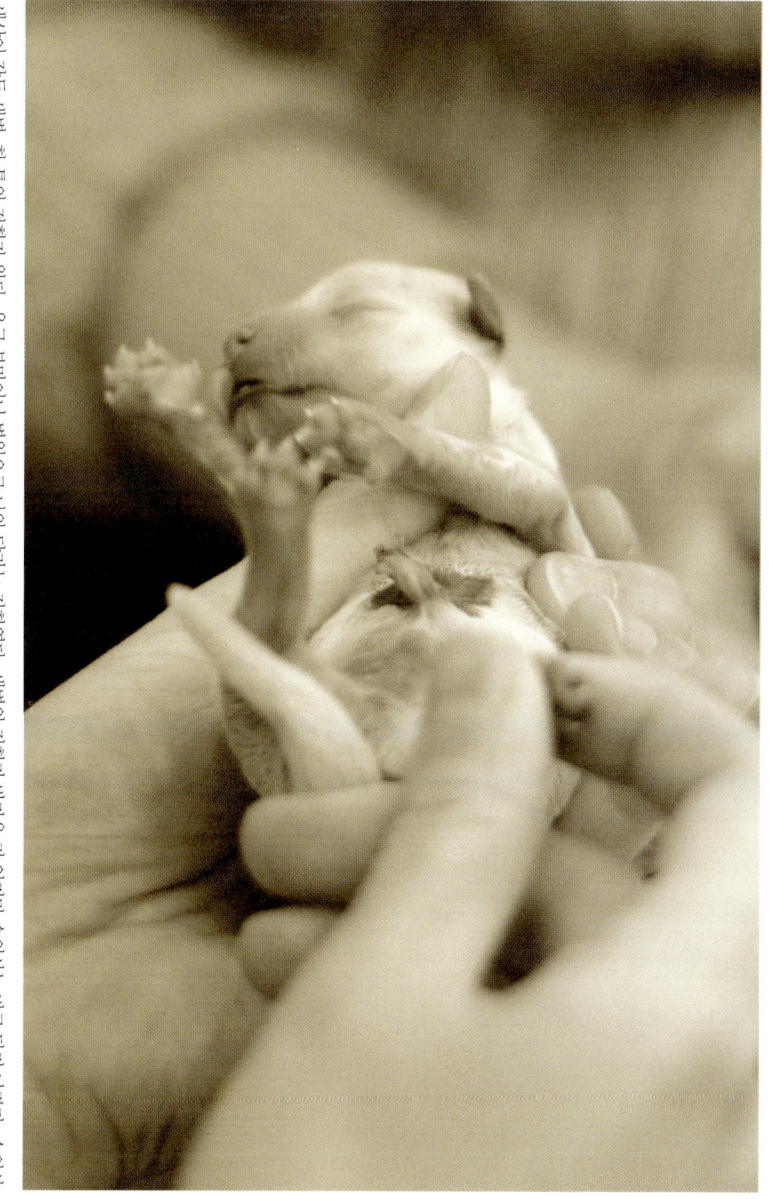

새생이 잦는 새벽, 한 통의 전화가 왔다. 음급 분만이나 병원으로 나와 달라는 전화였다. 새벽의 전화가 반가울 리 없겠지만 수의사는 바로 달려 나간다. 수의사의 일은 생명을 다루는 것이기에…. 몇 시간에 걸친 분만 후 갓 태어난 생명의 온기를 손에 담는다. 새 생명의 탄생은 언제나 경이롭다.

작은 동물병원 수의사의 고민 119

작은 병원은 그럴 일이 별로 없다. 뭐, 작은 병원을 운영하는 사람의 자기 위안일 수도 있겠지만, 기본적으로 경제적인 어려움만 없다면 너무 바빠 정신이 없는 것보다는 좋은 것 같다.

본론은 이제부터다. 병원도 크고, 인테리어 끝내주고, 모양새 깔끔하고, 고가의 진료 장비가 자리 잡고 있는 병원이 여기저기 많이 생기고 있지만, 병원이 크다고 해서 진료의 수준이 높은 것은 아니다. (물론 좋은 진료 장비로 실력 있는 수의사가 최상의 진료를 하는 대형 병원도 있다.) 병원의 외형은 돈만 있으면 얼마든지 키울 수 있다. 하지만 진료 수준이나 병원 운영 시스템 업그레이드는 그렇게 쉽지 않다. 오히려 병원의 덩치가 커지면 그 덩치를 유지하기 위해 무리한 진료를 하는 경우도 있다. 그러면 소비자 입장에서는 더 많은 비용으로 더디게 낫는 진료를 받는 경우도 가끔 생긴다. (동물병원 업계도 과도기적인 시기라 이런 현상이 있는 것 같은데, 좀더 시간이 지나면 실속 없는 병원은 자연도태되지 않을까 싶다.)

동물을 키우는 많은 분들이 가장 신경 쓰는 부분은 좋은 병원을 어떻게 고르는가 하는 것이다. 병원의 수준을 객관적으로 평가한다는 건 쉽지 않은 일이다. 그래서 대개의 경우 깨끗하고 큰 병원, 친절한 수의사, 한두 번의 치료에 대한 평가, 지인 소개 등을 기준으로 병원을 선택하게 된다.

내가 진짜 해 주고 싶은 말은 병원의 크기만 보고 병원을 선택하지는 말라는 거다. 실력 있고 열정적이며 동물에 대한 사랑이 지극한 수의사가 조용히 주위에서 일하고 있을지도 모른다.

수의사는
🌸 똥을 두려워하지 않는다!

| 1999 | 04 | 06 |

   수의학과 학생 시절을 통틀어 개인적으로 가장 기억에 남는 일은 '소 직장 검사'이다. 소가 어느 목장에서 일하고, 보수는 얼마나 받고, 보너스는 얼마나 되냐 하는 '직장' 검사가 아니다. 한자로 써야 하나? 직장! 항문 안쪽의 직장 말이다. (난 한문 세대가 아니다. 절대 한자로는 쓸 수 없다. ^^)

   개의 경우 질 세포를 검사해서 '무핵각화 세포'가 몇 퍼센트 정도인가에 따라 배란일을 예측하지만, 소의 경우 직장 속으로 손을 넣어 난소와 난포를 만지면서 그 촉감으로 배란 여부를 측정한다. 난 대동물(산업용 동물) 수의사가 아니라서 소 직장 검사 경험이 그렇게 많지는 않지만 학교 실습 시간에 배웠다.

   직장 검사를 할 때는 소의 뒤로 가야 한다. 처음에는 그게 얼마나 무섭던지. 소가 꼬리를 휙휙 치면 잘 피해야지 안 그랬다가는 소똥이 묻은 꼬리에 얼굴을 퍽! 실습이 끝난 후 여자 친구를 만나면 '아니, 웬 냄새?' 하면서 얼굴을 찌푸린다.

   직장 검사를 하려면 먼저 소가 움직이지 못하도록 쇠로 만든 틀에 소를 집어넣는다. 소를 잘 설득해서(?) 틀에 넣고 움직이지 못하게 잘 잠그고 직장 검사에 들어간다. 손을 얼마나 넣을까? 나처럼 팔이 긴 사람도 거의 어깨까지 넣어야 한다. 왼손으로 소의 꼬리를 꽉 잡고(얻어맞지 않게) 오른손은 소의 항문 속으로 쑤욱 넣고 직장 내에 있는 변을 손으로 꺼낸다. 맨손으로 하냐고? 맨손으로 해야 촉감이 좋기 때문에 꼭 맨손으로 한다. 하하하! 농담이다. 어깨까지 오는 일회용 장갑이 있다. 요리할 때 쓰는 일회용 장갑처럼 생겼는데 길이만 길다. 직장 검사를 할때는 손톱을 깎는 게 좋다. 손톱이 길면 장갑 비닐이 찢어져서 손톱 밑에 소똥이 낄지도 모르니까. 그래서 간혹 장갑을 두 개씩 끼기도 한다.

우리 학교에서는 실습용 젖소 한 마리를 샀다. 학생은 50명, 소는 한 마리. 순서대로 줄을 서서 한 명씩 검사를 시작한다. 순서가 앞이라면 그나마 검사하기가 쉽지만 순서가 뒤로 갈수록 검사하기가 힘들다. 왜냐고? 능숙하지 않은 학생들이라서 검사를 하는 시간이 오래 걸리니까, 처음에는 좀 참아 주던 소도 점점 화가 나서(나라도 화나겠다.) 성질을 부릴 테니까. 게다가 팔을 넣고 빼고 하는 사이에 항문으로 공기가 들어가서 직장이 빵빵해지는데, 그러면 직장 너머로 자궁과 난소를 만지기가 쉽지 않다. 또 잘못해서 팔을 삐끗하기라도 하면 항문과 팔 사이로 방귀가 포옹~. ^—^

너무 지저분한가? 그래도 내친 김에 끝까지 가 보련다. ^^ 소의 항문 속으로 오른손을 어깨까지 집어넣으면 얼굴은 어디에 있을까? 오른쪽 뺨이 소 엉덩이에 밀착되고 만다. 그러면 방독면도 안 한 맨 얼굴로 똥 냄새에다 방귀까지 뒤집어쓸 수밖에 없다. 그나마 다행인 것은 소는 초식 동물이라 변 냄새가 그렇게 고약하지는 않다는 거다. 오래 맡다 보면 향긋하게 느껴지기도 한다. 진짜로. ^^

직장 속에 손을 넣고도 자궁이나 난소의 위치를 찾지 못해 헤매기도 한다. 여기가 거긴가? 아무래도 모르겠다. 이럴 때는 도와주는 선배님이나 선생님이 같이 손을 넣는다. 선생님은 뒤에서, 학생은 앞에서 손을 넣고 같이 자궁과 난소를 촉진하는 거다. 이렇게 몇 번씩 해 봐야 겨우 감을 잡을 수 있다.

한 가지 이야기 더! 수의과 대학 부속 동물병원에는 병원에서 실습용으로 사용하는 축사가 있는데, 거기에는 각종 동물들이 산다. 물론 청소는 학생들 몫이다. 조를 짜서 돌아가며 열심히 청소를 해야 한다. 내가 학교에 다닐 때는 유난히 돼지가 많았다. 이 녀석들, 얼마나 똥을 많이 싸는지 축사 청소 한 번 하면 바지에도 얼굴에도 돼지 똥이 묻곤 한다. 나중엔 똥이 똥으로 보이지 않는다. 그래서 나온 말.

'수의사는 똥을 두려워하지 않는다!'

수의학도의 여자 친구는?

|1999 | 04 | 20|

나는 결혼을 빨리 했다. 스물일곱 후반에 했으니 결혼이 늦은 요즈음 추세에 비추어 보면 상당히 빠른 편이다. 원래 인생 계획에는 스물아홉 후반에 하려고 했는데, 뭐 세상사 내 맘대로 되는 게 하나라도 있나?

지금 아내가 된 그녀와는 1992년 1월 3일, 처음으로 인사를 나눴다. 군대를 제대한 다음해 첫 번째 일요일이었으니 그때가 맞을 거다. 1월에 첫인사를 하고 이런저런 우여곡절 끝에 연애를 시작했다. 그때 난 수의과 대학 3학년 예비역 복학생이었고, 그녀는 약학 대학을 졸업한 후 종합병원에서 신입 약사로 일하고 있었다.

보통 수의과 대학 3학년 1학기에 약리학 과목이 시작된다. 그런데 이 약리학이라는 학문은 개념 잡기가 쉽지 않다. 게다가 그때 우리 학교에는 수의과 대학에 약리학 교수가 없어 약학 대학 교수님이 약리학 강의를 했다. 사람의 약리학이나 수의약리학이나 기본적인 개념은 별로 다를 게 없지만, 이 교수님은 아무래도 수의약리학 전공 교수가 아니라서 어려움이 많았다.

시험이 임박했다. 진짜 문제는 그때부터였다. 그 교수님은 수의과 대

고양이는 대체로 성격이 '시니컬 하다'고 알려져 있다. 애벽 아는 고양이는 인간에게 반발을 할 수 있는 유일한 동물이라고 고양이의 성격을 규정하기도 한다. 보호자를 마치도 대하는 개와는 달리 고양이는 보호자를 동등한 친구로 대하면다는 것이리라. 그러나 고양이 역시 성격이 제각기 다르다. 보호자에게 애교를 부리는 상냥한 고양이가 있는가 하면, 보호자 보기를 돌같이 하는 고양이도 있다.

수의학도의 여자 친구는? 125

학 교수가 아닌 약대 교수인데다 수의학과 강의는 이번이 처음이었다. 그게 무슨 문제냐고? 족보! 족보가 없다! 즉 그 교수님의 문제 출제 패턴을 아무도 모른다!

혹자는 이러겠지.

"공부만 열심히 하면 무슨 문제든지 다 풀 수 있지 뭘."

모르시는 말씀! 사전에 정보가 없으면 4년(지금은 6년) 만에 수의학과 졸업하기가 힘들다.

그러나 내 동기들은 능력 있는 친구를 둔 축복 받은 녀석들이다. 나의 그녀가 누군가? 약대 출신 아닌가. 게다가 그 교수님의 강좌에서 우수한 성적까지 받았다고 하니 문제 출제 스타일에 대해서는 '빠삭' 할 것 아닌가? (나 팔불출 맞아요. ^__^)

수의학과 3학년생 긴급 소집 명령이 떨어졌다. 작전명 '약리학 정복하기'. 여기저기 흩어져 공부하던 수의학과 3학년생들이 소식을 듣고 오후 7시 도서관 휴게실로 모여들었다. 드디어 그녀가 퇴근을 하고 학교에 왔다. 약대에 안 갔으면 사대에 갔을 거라는 그녀의 말대로 꼭 선생님처럼 개념을 잡아 주고 그 교수님의 출제 패턴에 대해 자세히 알려 주었다. 덕분에 우리는 별로 당황하지 않고 약리학 시험을 무사히 치를 수 있었다.

웃기는 건 다른 친구들의 성적은 A 아니면 A$^+$인데, 난 B밖에 못 받았다는 거다. 그래서 그녀에게 되게 구박 받았다. 내가 친구들보다 약리학 과외를 더 많이 받았는데….

역시 공부할 때는 사심을 버려야 한다!

수의학과 공부의 특징! 무조건 외운다! 모조리, 하나부터 열까지 무조

건 외워야 한다. 해부, 약리, 미생물, 병리, 조직, 생리, 내과…, 모두 모두 외워야 한다. 단순 무식하게 외워야 산다.

그런데 난 외우는 걸 못한다. 그러니 시험 볼 때마다 죽는 줄 알았다. 내가 어떻게 제때에 무사히 졸업했는지 지금 생각해도 미스터리다.

약리학 과외 이후, 나의 그녀는 수의학과 3학년생들에게 최고의 대우를 받았다. 나 만나려고 수의학과 쪽으로 오면 먼저 아는 척도 하고, 내가 어디 있는지 알려 주기도 하고.

어리게
보면 다쳐!

|1999|05|05|

　강아지는 보통 일 년이면 성견이 된다. 사람은 중학생 정도가 되면 청소년으로 대우 받지만, 강아지는 일 년이 넘어 성견이 되어도 항상 아기 대접을 받는다. 강아지 입장에서 보면 어른 대접을 안 해 줘서 기분이 나쁠지도 모르지만, 주인 입장에서 보면 마냥 어리고 귀엽게만 보이는가 보다. 심지어 강아지 나이가 열 살이 넘어도 아기 취급을 한다. 가끔은 여덟 살짜리 꼬마가 열다섯 살짜리 개를 아기 취급 하기도 한다. 물론 사람과 개의 서열이 같을 수는 없지만 그럴 때는 농담으로 "꼬마야! 그 개가 너보다 더 어른이다."라고 말하곤 한다.

　보통 3~4세 아이들은 눈치도 빠르고 어른의 이야기도 거의 이해한다. 지금 우리 애가 만 세 살이 되어 가는데 이 녀석, 모르는 게 거의 없다. 뭐, 우리 애가 아빠 닮아서 좀 똑똑하긴 하지만. (농담이다.^_^)

　성견의 IQ는 3~4세 아이들과 비슷하다고 한다. 개도 성견이 되면(아주 바보가 아니라면) 사람의 말을 어느 정도 알아들을 수 있다는 거다. 아마 사람과 오래 살아서 개의 지능도 점점 발달하는 게 아닐까? 그러니 개 앞에서도 말을 가려서 해야 한다.

토요일 밤, 동네 슈퍼마켓에 갔다. 웬 개 한 마리가 슈퍼마켓 입구에 가만히 앉아서 문 쪽을 애타게 쳐다 보고 있었다. 녀석의 표정이 워낙 진지해 사진을 찍었다. 녀석, 주인이 나오자 표정이 우울에서 행복 모드로 바뀌면서 꼬리를 치며 주인을 따라갔다. 나중에 알고 보니 우리 동네 시장 터줏대감이었다.

이야기 하나

어떤 사람이 잡종 개 한 마리를 키우고 있었다. 한 4~5년 길렀는데, 주인은 개를 썩 좋아하지는 않았나 보다. 하루는 주인 아저씨가 아주머니에게 "저 녀석이 요즘 좀 이상하네. 늙어서 그런가? 내일쯤 개장수 불러서 팔아 버립시다." 그랬단다.

그날 밤, 평소에 조용하던 개가 밤새 우~~~ 우~~~ 울더니 새벽녘에 줄을 끊고 도망을 갔단다. 아마 주인의 이야기를 듣고 배신감과 공포감에 밤새 울다가 탈출을 한 것 같다. 주인 아주머니는 너무 미안해서 며칠을 찾아다녔지만 결국 찾지 못했다.

그 후 이 아주머니는 새로운 강아지를 한 마리 사서 속죄하는 마음으로 잘 키우고 있다. 물론 지금은 개 앞에서도 말조심한단다.

이야기 둘

집을 오래 비우는 사람들 중에는 처음에는 개를 한 마리만 기르다가 얼마 후에 강아지를 한 마리 더 기르는 경우가 많다. 개가 종일 혼자 있으면 심심하고 지루할까 봐서다.

처음부터 두 마리를 기르면 서로 잘 지내지만, 오랫동안 한 마리만 기르다가 새로운 강아지를 데려오면 먼저 있던 강아지가 텃세를 하는 경우가 종종 있다. 아마 주인의 사랑을 독차지하다가 새로운 녀석이 나타나니 자신의 위치에 위협을 느껴서 그러는 것 같다. 그래서 새로운 강아지를 괴롭히거나 물거나 혹은 삐치거나 한다. 성격이 어두워지기도 하고, 안 하던 행동을 하는 녀석들도 있다.

아파트에 사는 한 고객이 스쯔 한 마리를 키우고 있었다. 암캐였고 열두 살쯤 되었다. 어느 날 그 고객은 새끼 강아지를 선물로 받고는 자기 개 친구가 생겼다며 좋아했다. 그러던 어느 날 밤, 전화가 왔다.

"선생님! 우리 강아지가 베란다에서 떨어졌어요."

"빨리 병원으로 오세요."

부리나케 옷을 입고 세수하고 병원으로 갔다. 그 고객과 거의 동시에 도착했다. 강아지는 이미 죽어 있었다. (새로 분양 받은 개였다.) 집이 13층이었으니 살아 있을 리가 없다.

"아니, 어쩌다가?"

평소에 스쯔가 새로 온 강아지를 그렇게 못살게 굴었단다. 날이 더워 베란다 문을 열어 두었는데, 이 스쯔란 녀석이 새로 온 강아지를 베란다로 데리고 가더니 밀더라는 것이다. 세상에!

물론 두 마리가 사이좋게 베란다에서 놀다가 실족해서 떨어졌을 수도 있지만, 어쨌든 주인 눈에는 그렇게 보였다고 한다.

개를 너무 어리게만 보면 안 될 것 같다. 개가 사람과 살면서 닮지 않아도 되는 면까지 닮아 가는 건 아닐까?

개와 애인의 공통점

| 1999 | 05 | 10 |

스타일 찾기

세상에는 수많은 사람들이 있다. 생김새도 다르고 성격도 다르고 국적이나 인종도 다른. 또 사람들마다 자신이 좋아하는 스타일이 있다. 내가 보기에는 아무리 멋진 여자라도 친구에게 보이면 시큰둥한 경우도 있고, 내가 보기에는 천사 같은 성격의 여자인데 친구는 "뭐 저리 맹숭맹숭하냐? 난 날카로운 맛이 있는 여자가 좋더라." 한다.

개도 그렇다. 너무나 많은 품종이 있고, 같은 품종이라도 크기, 성격, 주인이 될지도 모르는 사람과의 첫 느낌 등이 너무나 다르다. 그러니 개를 고를 때에는 미리 사전 조사를 해서 자신의 생활 패턴과 취향에 맞는 개를 골라야 한다. 털 빠지는 것을 싫어하는 사람이 퍼그나 미니핀, 치와와 등 털이 많이 빠지는 개를 고르거나, 집이 좁고 힘이 약한 아가씨가 코커 스패니얼이나 스쯔 같은 개를 분양 받는 것은 좋은 선택이 아니다. (분양 받을 때는 새끼라서 크기가 작으니 나중에 얼마나 클지 전혀 모르고 사는 경우도 있다.)

여기서 교훈! 이성을 사귈 때나 개를 고를 때나 착실히 사전 조사를 해야 한다. 그래야 실수가 없다.

만남의 경로

이성은 어떻게 만나는가? 길에서 오다가다 만나거나, 나이트클럽 같은 데서 만나거나(그걸 뭐라고 하더라? 맞다, 부킹! 나는 그거 한 번도 안 해 봤다. 믿거나 말거나.), 친구의 소개로 만나거나, 평소에 잘 알고 지냈던 친구와 사귀거나, 어른의 소개로 만나는 등 만남의 경로는 다양하다.

길에서 오다가다 만나는 경우에는 상대가 누군지, 어떤 배경을 가졌는지, 건강 상태는 양호한지, 정치적인 성향은 어떤지, 교육 수준은 어느 정도인지… 모른다. 전혀 모른다. 한마디로 그냥 만나고 지나가면 잊어버리는 경우가 많다.

개도 마찬가지다. 사람들 중에는 길 가다가 시장 같은 곳에서 개를 사는 경우가 많다. 이 경우 대개는 사 온 지 하루 만에 설사한다고 병원에 데려오지만, 개를 산 가격보다 더 많은 병원비를 지불하고도 치료가 되지 않아 하늘나라로 보내고 만다. 그러니 길에서 오다가다 만나는 건 피하는 게 좋다.

이런 표현이 적절한지 모르겠지만, 이렇게 오다가다 개를 만나는 건 아가씨들이 있는 술집에서 여자를 만나는 것과 같다. 간혹 좋은 여자를 만날 수도 있지만 대부분은 오래 사귈 만한 여자를 만날 수 없다. 어디서 온 여자인지, 부모가 누구인지, 혹시 성스러운(?) 병에 걸린 건 아닌지 전혀 모르지 않는가.

개를 전문적으로 파는 곳에서 사는 개는 여러 가지 질병에 감염되어 있는 경우가 많다. 가끔은 좋은 개를 구하는 경우도 있지만. (애완동물 판매업 종사자들의 지탄을 받을지는 모르겠지만, 이 글을 읽는 분들의 가게는 그렇지 않으리라는 생각으로 쓴다.)

좋은 여자를 만날 확률이 높은 경우는 믿을 만한 사람의 소개로 만나거나, 평소에 알고 지내던 친구와 사귀거나, 부모님 지인의 자녀를 소개받은 경우 등이 아닐까? 마찬가지로 가정집에서 잘 자란 개의 아기라든지 친구 소개로 개를 구하면 거의 실패하지 않는다.

연애 초기

드디어 첫 데이트. 아직 낯설고, 상대방의 취향도 모르고, 나에 대해 어떤 느낌을 받았는지도 모르니 여러 가지로 어렵다. 어떻게 해야 이 사람이 좋아할까? 이렇게 할까 저렇게 할까, 고민이 많다. 좋은 관계를 유지해서 오래오래 재미있게 '잘살아 보세' 해야 할 텐데.

이것저것 물어보기도 하고, 여기저기 다니며 맛난 것도 먹으면서 공감대를 형성하려고 애쓴다. 뭘 해도 예쁘고, 눈에 넣어도 안 아플 정도로 보고 싶고, 어디든지 함께 가고 싶고, 집에 가서 또 전화하고, 선물도 사 주고, 뽀뽀해 주고, 안아 주고….

새로 데려온 개에게는 새로운 환경이 낯설고, 음식도 입에 맞지 않고, 잠자리도 불편하고, 힘든 게 참 많을 것이다. 주인 입장에서 보면 개가 뭘 잘 먹는지, 하루에 몇 번이나 먹여야 하는지, 어디가 불편한지, 특징적인 행동은 무엇인지 아직 모른다. 그래서 개가 조금만 이상해도 동네방네 개를 키워 본 친구들이나 병원에 전화를 해 댄다. 첫사랑이란 그런 건가 보다.

그러나 예쁘다고 안고만 다니고, 맛있는 음식만 주고(그것도 꼭 손으로), 주인한테 대들어도 져 주고, 아무 곳에나 대소변 실례해도 눈감아 주면 평생 습관이 된다. 주인이 없으면 꼼짝도 못하고, 음식을 너무 가려 끼니마다 다른 음식을 갖다 바쳐야 하고, 주인을 비롯한 다른 사람들에게 사납게 덤벼들고(심지어는 물기까지 하고), 대소변 못 가리고….

이런 말이 있다. 결혼 초에 많이 듣는 이야기인데 '신혼 초에 상대를 제압하라.' 는 것이다. 나는 '사랑하는 사람들끼리 뭘 잡고 말고 하냐.' 며 무시했다. 그래서 퇴근 후 빨래도 하고 청소도 하고 애들 목욕시키고 설거지도 하고….

그러다 보니 아직도 하고 있다. 나는 '집안일은 여자만 해야 한다.' 거나 '남자가 어떻게 그런 일을 하나.' 라는 생각을 가진 남성우월주의자는 아니다. 힘 남는 사람이 일을 하면 어때서?

그런데 문제는 이 집안일이란 게 해도 해도 티도 안 나고 하루 종일 할 일이 산더미처럼 쌓인다는 거다. 그건 나도 안다. 그렇지만 언제까지 원장과 가정부 노릇을 병행해야 할까, 아이고. ㅠ.ㅠ

위기

어느 정도 사이가 깊어지면 위기가 다가온다. 서로에 대해 웬만큼 파악을 하고 나니 단점이 보이기 시작하는 것이다.

이즈음 손님들이 병원에 오면 이런 불평을 많이 한다.

"이 개는 원래 이래요? 아직도 대소변도 못 가려요. 작을 땐 적게 싸니까 견뎠는데, 지금은 너무 힘들어요."

"우리 개는 털이 너무 많이 빠져요. 털이 짧아서 안 빠질 줄 알았는데."

털이 짧은 개는 털이 안 빠지는 줄 아는 사람들이 많다. 미니핀, 퍼그, 치와와 등이 고약한 건 털이 짧아서 빠지면 옷이나 이불, 카펫 등에 팍팍 박힌다는 것이다. 차라리 털이 길면 박히지도 않고 털어 내기도 좋을 텐데…. 그럴 때는 털을 빡빡 밀어 주면 어느 정도 예방할 수 있다. 털을 깎은 후 얇은 옷을 입히고, 가끔 옷을 벗겨 깨끗이 턴 후 다시 또 입히면 된다.

"이 녀석은 왜 그렇게 짖어요? 옆집에서 시끄럽다고 난리예요."

"우리 개는 왜 아무나 좋아해요. 나만 좋아하면 좋겠는데."

"너무 물어요. 손도 물고 신발도 물어서 집 안을 정신없게 만들고. 그것도 꼭 비싼 신발만 물어요."

"우리 개는 만날 아파요. 지금까지 병원비가 얼마나 들어갔는지 몰라요."

이런 하소연을 하는 사람들이 많다. 이 위기를 잘 넘겨야 한다. 주인이 마음을 다시 먹고 자신의 개를 훌륭한 견격(?)을 가진 개로 기르기 위해 노력을 하든지, 아님 개가 자신에게 닥쳐온 위기를 인식하고 알아서 잘하든지.

주인이 이 시기를 도저히 견뎌 내지 못하면 대개 이런 방법으로 해결한다.

첫 번째, 다른 집으로 보낸다. 시골에 있는 친척 집으로 보내는 경우가 많고, 간혹 친구 집으로 보내기도 한다. 그런데 강아지는 50~60일경에 제일 예쁘고 커서, 다른 집으로 보낼 무렵에는 아무래도 좀 덜 예쁠 때다. 게다가 첫 번째 집에서 문제가 됐던 게 새로운 집에 가서도 똑같이 발생하면 더 빨리 쫓겨나기도 한다.

두 번째, 애완견 센터에 파는 경우다. 가끔 병원에도 전화가 온다.

"삐리리~."

"네, 동물병원입니다."

"거기 개 파는 데죠?"

이런 전화를 하는 사람들은 동물병원이라는 호칭을 쓰지 않는다. "개 파는 데죠?" 하거나 "개 병원이죠?"라고 묻는다. 자신의 개가 마음에 안 든다고 팔 생각을 하는 사람들의 대부분은 동물병원에 거의 와 보지 않은 사람들이라서 동물병원과 애견 센터를 구분하지 못하는 것이 아닐까? 하기야 동물병원에서도 진료만 하는 것이 아니라 애완동물 용품도 팔고 개도 팔고 고양이도 파니, 구분 못하는 사람들만의 문제도 아니다. 어쨌든 가능하면 동물병원에서는 진료만 하면 좋겠다는 게 내 생각이다. (현실적으로는 용품도 팔고 동물도 팔아야 손님도 늘고 수입도 늘지만.)

"우리 개 팔려고 그러는데, 사요?"

"아니, 왜 팔려고 그러세요? 어지간하면 잘 키워 보시죠."

"너무 짖고 말도 안 들어서 팔고 새 개를 사야겠어요."

"뭐가 문젠데요?"

"개가 대소변도 못 가리고 만날 우~ 우~ 울기만 해요. 성격도 이상하고요. 내가 나갔다 오면 막 오줌 싸고."

물론 품종이나 그 개체의 성향에 따라 개의 성격이나 행동은 다르다. 하지만 주인의 관리 방법과 노력이 더 많은 영향을 미친다.

얘기를 들어 보니 주인이 거의 집을 비운다고 한다. 하루의 대부분을 밖에서 보내고 집에서는 잠만 자면서, 개 교육과 건강에 대해서는 바쁘다는 핑계로 거의 신경을 쓰지 못한 것이다.

연애를 한다고 생각해 보자. 사귀는 사람이 바쁘다고 만나 주지도 않고 전화도 잘 안 하고 불성실하다면? 아마 그 사람 차고 다른 좋은 사람을 찾겠지? 그렇지만 우리의 불쌍한 개는 다른 데로 가지도 못하고 그저 주인만을 바라보고 있는데 팔아 버리다니…. 다른 개를 데려와도 역시 마찬가지일 텐데.

내 경험상(?) 남녀 관계에서 위기를 슬기롭게 넘기면 더 사랑이 깊어지는 법이다. 개가 속상하게 하고 말을 듣지 않아도 열심히 사랑으로 교육시켜 보라. 반드시 좋아진다.

오래된 연인

남녀가 만난 지 오랜 시간이 지나고 서로에게 익숙해지면 말이 필요 없다. 지금까지 숱한 고난과 역경을 이겨 내고 긴 시간을 함께했으니 마음이 통해서이리라.

개와의 관계도 마찬가지다. 개는 사람이 알아듣는 말을 하지 못한다. 개는 나름대로 자신의 의사를 전달하지만 사람이 알아듣지 못하는 것이다. 개를 처음 기르는 사람들은 개의 낑낑거리는 소리가 무엇을 의미하는지 알아듣지 못한다. 아니, 알려고 하지도 않는다. 그렇지만 개와의 관계가(동물과의 관계가) 깊어진 이들은 자신의 개가 무슨 이야기를 하는지 눈빛만 보고도 다 안다.

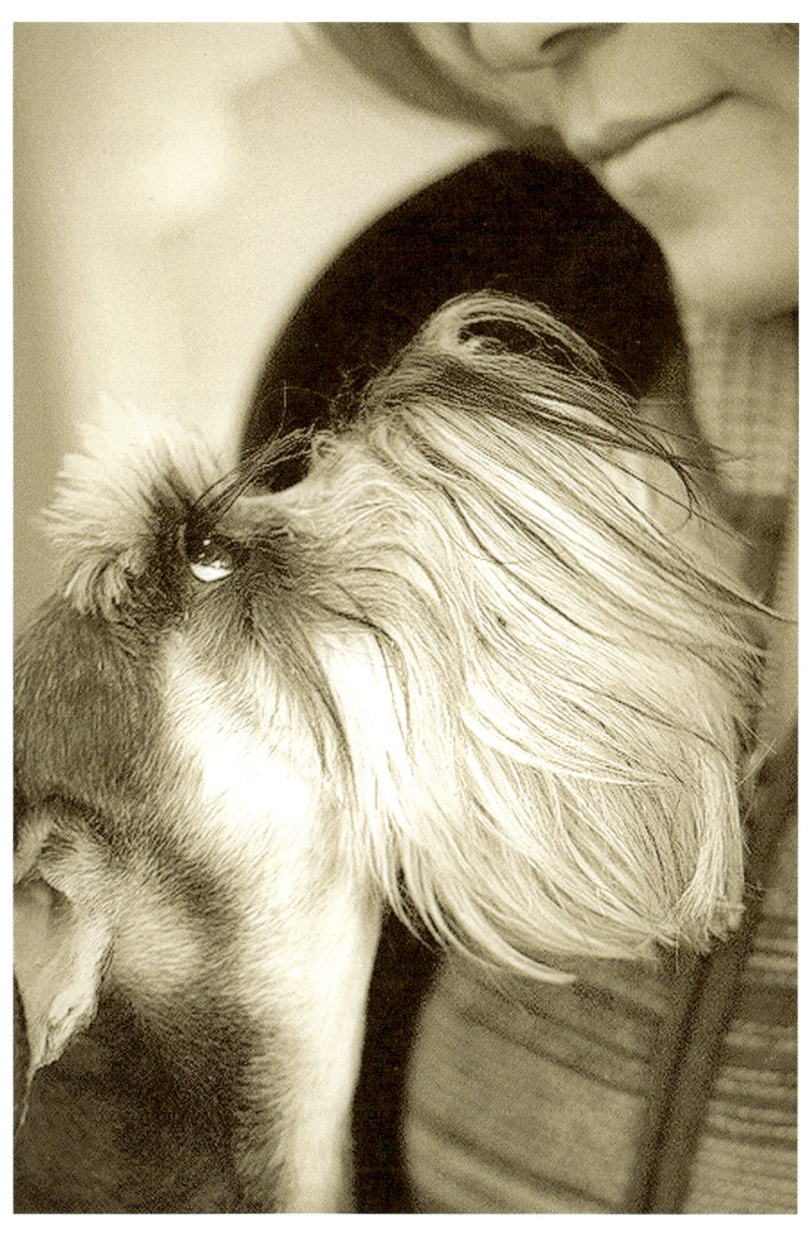

개는 눈빛으로 말한다. 오랜 시간을 함께 보낸 보호자와 개는 눈빛으로 서로 교감한다.

개와 애인의 공통점

우리 집에는 아이가 둘 있다. 딸과 아들. 아이를 기르는 것은 주로 엄마의 몫이다. 난 아침에 나왔다가 밤에 들어가니 잠자는 시간을 빼면 기껏해야 하루에 두세 시간밖에 애들과 지내지 못한다. 그러나 엄마는 다르다. 잠자는 시간만 빼고 하루 종일 아이들과 함께한다. 그래서 나보다는 엄마와 애들이 더 잘 통한다. 갓난아이였을 때에는 울음소리만 듣고도 배가 고픈지, 똥을 쌌는지, 엄마 품이 그리워서 우는 건지 어쩌면 그렇게 잘 아는지. 내가 듣기로는 다 똑같은 울음소리인데.

동물병원 인턴 시절이 생각난다. 그때는 이 개가 저 개 같고 저 개가 그 개 같고, 다 똑같아 보였다. 그런데 언젠가부터 개의 표정이 보이기 시작했다. 개도 사람처럼 얼굴 느낌이 다르고 자신의 감정에 따라 얼굴 표정이 다양한 것이 보이기 시작했다.

주인이 개의 말을 이해하고 서로 감정의 교류가 시작되는 단계에 이르렀다면, 이 단계의 개에게는 공통적인 특징이 있다. 주인을 너무나 좋아한다는 것이다. 주인이 자신을 병원에 두고 가거나 하면 왜 그렇게 밖만 바라보고 있는지. 주인이 언제 오나, 혹시 날 버리고 간 것은 아닌가, 아~ 병원 원장은 날 어떻게 할 건가…. 눈빛이 꼭 이런 말을 하는 것 같다. 혹시 피치 못할 사정으로 다른 집으로 보내면 개는 밥도 먹지 않고 주인만 그리워한다고 한다. 아주 심한 경우에는 먹이를 먹지 않아 마르고 말라서 건강을 잃는 개도 있다.

사랑하는 사람이 떠나면 얼마나 마음이 아픈가. 당해 본 사람이 아니면 모른다, 사랑을 잃은 아픔은. 물론 새로운 사랑은 또 다가온다. 그러나 옛사랑의 기억은 영원히 남는 것 아닌가?

권태기

　이제 서로 알 만큼 알고 신선함이나 가슴 떨림보다는 생활의 일부분처럼 느껴지는 그녀! 이제 다시 새로운 설레임을 느끼고 싶어진다. 새로운 여자 친구를 사귀어 볼까나? 그녀 모르게, 절대 모르게.

　개를 오래 키우다 보면 새로운 강아지에 대한 욕심이 생긴다. 개도 외로워하는 것 같고, 내가 집에 없을 때 같이 놀면 좋을 것도 같고, 어린 강아지 재롱도 한 번 더 보고 싶고, 이 녀석은 이제 다 커서 귀여운 맛이 없는 것 같기도 하고…. (권태기를 심하게 느끼는 사람들 중에는 개를 버리는 경우도 있다.)

　새로운 강아지를 들이려면 함께 살고 있는 개의 의견(?)도 적극적으로 존중해야 한다. 왜냐고? 개가 질투를 하기 때문이다. 개가 무슨 질투를 하냐고? 이 수의사가 이야기를 꾸며서 하는 거라고? 그건 모르시는 말씀! 아는 사람은 다 안다.

　'개의 질투는 애인보다 심하다!'

정말
그랬을까?

|1999|06|29|

강남의 모 병원에서 인턴 수련을 할 때다. 인턴 시절에는 정신이 없다. 뭐가 뭔지 아무리 봐도 모르겠고, 하는 일은 왜 그리 많은지. 내 인턴 시절에 있었던 여러 가지 일 중 가장 잊혀지지 않는 사건이 있다.

여느 때와 다름없었던 어느 날 오후, 병원의 단골 고객이 조심스럽게 문을 열고 들어왔다.

"저기… 이 강아지 좀 봐 주세요."

"아니… ○○ 아니에요?"

이 말은 원장님이 하신 말씀이고 ○○는 개 이름이다. 개 이름은 기억이 나지 않는다.

"○○는 아직 한 번도 아픈 적이 없었는데 어떻게 이렇게 아파요?"

내 기억으로는 치와와와 미니핀의 잡종쯤 되는 듯했다. 나이는 5세쯤. 평소에 아주 건강한 녀석이었다. 가족은 부모님과 미모의 언니.

이 고객은 가끔씩 병원에 와서 건강 진단도 하고 사료도 사고 이런저런 세상 사는 이야기도 나누고 갈 정도로 원장님과 상당한 친분이 있었다.

"사실은요, 딸이 교통사고가 나서 온 식구들이 병원에 왔다 갔다 하느

발바리 종인 '제니'. 항문낭 제거 수술을 했는데, 사진으로는 상당히 분위기 있고 예쁘게 보이지만 사실 제니는 너무너무 예민한 성격이라 치료하는 데 애를 많이 먹였다.

라 ○○를 제대로 돌보지 못했어요. 근데 ○○가 요즈음 밥도 잘 먹지 않고 시름시름 앓네요. 특별한 증상은 없는데."

내용은 이렇다. 친구들과 함께 부산을 다녀오던 딸이 교통사고를 당했단다. 다른 친구들은 유명을 달리하고 딸만 중상으로 혼수 상태였다. 가족들은 모두들 병원으로 달려가고 집에 ○○만 외롭게 남겨졌다고 한다. 물론 먹이는 제대로 줬다고 하지만 ○○도 마음이 편했을 리가 없다. 다섯 살 된 개라면 세 살짜리 애들만큼의 눈치는 있으니까. 언니가 아프다는데 맘이 편했을 리가 없지. 어느 날 주인 아저씨가 집에 오니 ○○가 일어서지도 못할 정도로 쇠약해져 있었다. 먹이를 많이 주고 갔는데 하나도 먹지 않은 상태였고.

딸의 생사 여부가 이삼일 내에 결정된다고 하면서 그동안 ○○를 병원에서 잘 좀 돌봐 달라고 했다. 이삼일쯤 열심히 치료했지만 ○○는 그만 하늘나라로 가고 말았다.

그런데 이상한 일은 비슷한 시간에 교통사고를 당했던 딸은 혼수 상태에서 깨어났다는 것이다. 나중에 소식을 전해 들은 보호자는 딸 대신 ○○가 하늘나라로 간 거라고 생각했단다.

내가 이 이야기를 하면 "사람들이 바쁘고 정신없고 해서 먹이도 안 주고 그래서 죽었겠지."라고 말하는 사람도 있다. (대개는 개를 키워 본 적이 없는 사람들이 그렇다.) 물론 그랬을 수도 있다. 나도 ○○가 꼭 그 언니를 대신해 죽었을 거라고 믿지는 않는다. 하지만 ○○가 사고 났던 언니 걱정을 아주 많이 했다는 것은 믿는다.

어느 수의사의
✳ 강박 관념

| 1999 | 07 | 06 |

　난 공상을 즐기는 편이다. 병원이 한가할 때면 미래의 내 병원, 20년 후 우리 아이들의 모습, 멋진 아가씨 손님이 병원 문을 열고 들어올 거라는 상상까지….

　상상력이 풍부해서 그런지 꿈도 자주 꾼다. 꿈 내용도 비교적 자세히 기억하는 편이고, 꿈을 꾸면서 '이건 꿈이야. 이 꿈은 왜 꾸는 것일까?' 하며 꿈에 대한 해석까지 할 때도 있다. 직업이 수의사라서 그런지 동물과 관련된 꿈도 많이 꾸고, 몇몇 꿈은 반복해서 꾸기도 한다. 항상 반복해서 꾸는 꿈의 내용은 다음과 같다.

　꿈은 항상 내 결혼식에서 시작된다. 하얀 연미복에 하얀 구두 차림의 나. 결혼식 30분 전, 이 결혼이 정말 잘하는 것인지, 앞으로 결혼 생활은 어떨지 등을 고민하면서 이리저리 왔다 갔다 하고 있다. 그때 갑자기 식당 문이 열린다. 선배다! 내가 대학 3학년 때부터 4학년 초까지 병리학실에 있을 때 대학원생으로 있던 선배다. 갑자기 불길한 예감이 밀려든다.

　병리학실에서 주로 했던 일은 돼지의 부검이다. 부검이란 생체의 각

배뇨 곤란으로 내원한 착한 고양이 '호루야'. 치료를 위해 수술을 고려했으나 다행히 내과적인 치료만으로 상태가 호전되었다.

장기를 표본으로 채취하여 슬라이드로 만든 후 세포의 변화 등을 관찰하여 병의 원인을 알아내기 위해 하는 작업을 말한다.

부검을 하고 나면 사체 처리를 해야 한다. 그것도 한두 마리가 아니고 보통 4~5마리씩 부검하니 이만저만 힘든 게 아닌데다, 나는 학부생이니 뒤처리까지 모두 해야 했다. 부검 있는 날이 제일 무서웠다. 그날은 12시 전에 집에 가기 힘들었다.

요즈음은 학교 시설이 좋아져서 동물 소각장이 생겼다는데, 내가 학교 다닐 때는 뒷동산의 묘지에 파묻어야 했다. 밤늦게 부검이 끝나면 그 덩치 큰 놈들을 둘러메고(보통 100~200킬로그램은 됐다.) 뒷산으로 가서 땅을 파고 묻는 일이란. 하얀 가운을 입고 삽을 들고 피가 조금씩 새어 나오는 커다란 자루를 끌고…. 늦게 하교하는 여학생들이 보면 놀라서 도망가기 바빴다. 신고는 안 했나 몰라. ^^

이제 묻을 차례다. 이미 병리학실을 거쳐 간 선배들이 이곳저곳 묻어 놓은 상태이므로 자리를 잘 골라야 한다. 안 그러면 한참 파다 보면 전에 묻어 놓은 사체가 나오는 경우가 생긴다. 그럼 다시 메우고 다른 곳을 파야 한다. 비라도 추적추적 내리면 정말 공포 영화의 한 장면 같다.

이때부터 약간 괴기스럽고 변태적인(?) 취향이 생긴 건지도 모르겠다. 병리학실에서 있으면서 얼마나 부검을 많이 했는지 피비린내 맡기, 피 보기 등에 대해 전혀 무감각해졌다. 역시 사람은 환경에 적응하는 동물인가 보다.

이 선배, 들어오며 하는 말!
"대곤아! 결혼식 날 미안한데 부검을 좀 해야겠다."

으~~~~ 이럴 줄 알았다니까. 해도 해도 너무한다. 결혼식 날 웬 부검! ㅠ.ㅠ

"어떡하냐…. 빨리 해야 하는데 사람이 한 명도 없다. 결혼식 시작하기 전에 빨리 끝내면 되지. 내가 이리 가져왔거든. 이 식당에서 빨리 하자. 응?"

"그럼 빨리 해요. 30분 남았으니."

그 선배가 가지고 들어온 것은 돼지다. 90킬로그램은 되어 보이는 돼지 다섯 마리. 항상 다섯 마리다. (그럼 돼지꿈인가?)

부검을 시작한다. 같이 하자던 선배는 어느새 사라지고 혼자 부검을 시작한다. 팔만 걷어 올리고 부검용 칼을 집어 든다. 흰 연미복을 갈아입을 시간이 없다. 조심하면 되겠지…. 슥삭슥삭~. 피가 튄다. 이리저리 피해도 옷에 계속 피가 묻는다.

'빨리 해야지. 빨리 해야지.'

결혼식 시작 시간이 되었다. 아직 한 마리가 남았다. 신랑 입장 시간이 되어도 내가 나타나지 않자 누군가 날 부르러 달려온다. 남은 한 마리도 끝내고 식장으로 달려간다. 핏빛으로 물든 턱시도를 입고.

꿈은 여기서 끝난다. 누구 해몽 잘하는 사람 있으면 해몽 좀 해 주기를. 돼지를 엄청나게 많이 봤으니 복권이라도 사면 돈 좀 벌까?

중성화 수술
에피소드

|1999|07|27|

만약 수캐를 키운다면 지금 고환을 만져 보라. 고환이 한 개인가? 두 개인가? 두 개가 정상이다.

여느 때와 마찬가지로 아침에 출근해서 컴퓨터를 켜고 메일을 체크한 후 홈페이지에 접속을 했다. 밤새 무슨 글이 올라왔나 '자유게시판'을 훑어본 다음 '사이버 동물병원'에 들어갔다.

몇 개의 글이 올라왔는데 그 중의 하나!

질문 : 중성화 수술에 대해서

제 강아지(○○이)가 수컷인데 이제 두 살이 됐습니다. 중성화 수술은 생후 5~6개월에 하는 것이 좋다던데 지금 해도 괜찮을까요? 욕구(?)를 채우지 못해서인지 쉽게 흥분하고 짖고 아무 곳에나 방뇨(-_-;)를 하곤 합니다. 지금이 한창 더울 때라 수술을 하면 감염이 쉽게 될 것 같아 망설이고 있기는 한데요.

수술 적정 시기가 지난 것 같은데 그래도 가능한지, 다른 합병증이 생기지는 않을지 알려 주시면 감사하겠습니다.

개의 사생활 보호 차원에서 개 이름은 밝히지 않았다. 개의 사생활도

보호되어야 하고, 수의사는 직업 윤리상 자신에게 치료 받은 동물의 비밀을 지켜 줄 의무가 있다. ^_^

나우누리 상담 2년여 동안 모르긴 해도 중성화 수술 질문에 대한 답은 스무 번 이상은 했으리라. 먼저 질문 자료를 검색한 후 질문을 해야 하는데…, 이럴 땐 짜증이 난다. 그래도 전혀 짜증스럽지 않은 것처럼 답변했다.

답변 : 중성화 수술에 대해서

거세 수술에 대한 자료는 이 게시판에 많이 있는데 못 찾으셨나 봅니다. 지금이라도 하면 됩니다. 여름이라도 특별히 염증에 대한 걱정은 안 하셔도 됩니다. 단, 두 달 정도는 지나야 효과가 발휘된답니다.

약 한 시간 후 전화가 왔다.

"삐리리~~~~~~."

"거세 수술에 대해서 물어볼 게 있는데요. 지금 가면 바로 수술할 수 있어요?"

"물론입니다."

"어떻게 찾아가지요?"

"지금 어디신데요?"

"중랑구예요."

"중랑구요? 어떻게 거기서 여기까지 전화를 하세요?"

흐흐. 드디어 우리 병원 소문이 서울 시내에 쫙 퍼졌구나. ^__^

"사실은 '동물사랑모임' 회원이에요. 아까 사이버 동물병원에 질문

올린 사람이고요."

윽! 그럼 그렇지. 어쩐지.

"이메일로 약도 보내 드릴게요."

한 시간 후, 32~33도를 오르내리는 더운 날씨, 땡볕에 땀을 뻘뻘 흘리면서 한 아가씨가 가슴에 흰색 강아지를 안고 병원으로 들어왔다.

"아까 전화한 사람인데요."

"어디 봅시다."

고환을 만져 봤다. 없다, 한 개가.

"잠복 고환이네요."

"잠복 고환이라니요?"

"원래 고환이 두 개여야 하는데, 여기 보세요. 한 개밖에 없잖아요."

"전 원래 한 개인 줄 알았어요."

웬 내숭…! 사람이나 동물이나 고환은 다 두 개다.

잠복 고환(정소)이란 복강 내에 고환이 존재하는 것을 말한다. 보통 성숙한 개의 고환은 음낭 내에 존재해야 한다. 출생 시에는 고환이 복강 내에 있는데 출생 후 7~10일경에 음낭으로 이동한다. 생후 15일경에는 음낭에서 고환을 촉진할 수 있다. 그런데 이 시기가 지나도 음낭에서 고환이 촉진되지 않고 복강에 남아 있는 경우 잠복 고환이라고 한다.

비슷한 경우로는 '진성 단정소(眞性 單精巢)'라는 것이 있다. 이것은 한쪽 고환이 전혀 발달하지 못한 것을 말한다. 정소가 전혀 발달하지 못한 '무정소(無精巢)'도 있는데, 아주 드물다.

"어디에 숨어 있나 봅시다."

다행히 복강 내에 고환이 있는 게 손으로 만져졌다. 손으로 만져지지 않으면 초음파로 복강을 검사해 숨어 있는 고환을 찾아내기도 한다.

"수술비는요?"

"수술비는 정상인 경우보다는 좀 비싸요."

"얼마나요?" (걱정스러운 얼굴)

"100만 원이요." (물론 농담이었다.)

"저… 복강에 있는 고환 수술은 다음에 하면 안 될까요?" (뭔 소린가?)

"왜요? 할 때 다 해 버리지?"

"돈이 없어서요."

"네?"

"학생인데 100만 원이 어디 있겠어요?"

아~! 아까 농담으로 한 말을…. 농담도 함부로 하면 안 되겠다. 농담을 한 다음에는 꼭 농담이었다고 말하든지. 세상에 거세 수술이 100만 원이라는 말을 믿다니!

수술은 성공적이었다. 내가 수의사 생활을 하면서 거세 수술비 100만 원을 받을 수 있는 유일한 기회는 이렇게 지나갔다. 100만 원이라고 우길 걸 그랬나?

난자는 어디에 있어요?

|1999|08|19|

사건의 주인공은 모 여성 보호자. 교배를 시키려고 병원에 왔다.

교배 첫날, 여느 보통 손님과 다름이 없었다. 문제의 둘째 날! 교배를 시킨 후 정자 검사를 했다. 정액을 채취하여 슬라이드 글라스 위에 놓고 커버 글라스 덮고 현미경에 걸어서 봤다. 정자들이 너무너무 활발히 운동하고 있었다.

"한번 보세요!"

원래 미혼인 보호자에게는 잘 안 보여 주는데…. ^^ 같이 온 남자 친구가 먼저 봤다.

"좋은데요!"

이번에는 여자 보호자 차례다.

"잘 움직이죠?"

"네. 야~ 신기하다."

여기까지는 진짜 정상이었다.

"그런데 난자는 어디에 있어요?"

남자 친구는 개의 엉덩이 부분에 화장지를 대고 있다가 입이 뜨악~ 벌어지면서 개를 손에서 놓쳤다. 이 상황을 어떻게 수습해야 하나. 참고

몰티즈 '네모'. 집에서는 너무너무 활발한 네모는 병원에만 오면 이렇게 납작 엎드려 버린다. 진한 눈동자와 아이라인이 정말 예쁜 네모.

로 이 여자 회원의 전공이 생물학과였단다.

이 여자 보호자의 해명.

"왜 TV에서 보면 정자가 난자 가까이 다가가서 난자 속으로 들어가는 그림이 나오잖아요."

기막힌 사건 또 한 가지!

여름철이라 심장사상충 검사를 자주 한다. 혈액을 한 방울 채취하여 검사 키트에 떨어뜨리고 거기에 시약을 두 방울 떨어뜨리면 약 2~3분 후에 결과가 나온다. 면역 항체 반응이 검사 원리이다.

이 심장사상충 검사 키트가 꼭 임신 검사 키트랑 똑같이 생겼다. 그런 까닭에 아주머니 고객의 개를 검사할 때면 아주머니들이 꼭 하는 말.

"이거 임신 검사하는 거랑 똑같네?"

뭐, 아주머니들이야 검사 한두 번은 해 봤을 테니까.

얼마 전 미혼인 여자 고객이 왔다. 심장사상충 검사를 했다. 혈액을 채취하고 검사 키트 포장을 푸는 순간 이 아가씨, "우리 개 임신 안 했는데…." 한다.

으음~, 아가씨가 임신 검사 키트를 안다고 해서 문제 될 건 없지만 그때 상황이 아주 미묘했다. 이 위기를 어떻게 넘겨야 하나. 심장사상충 검사가 끝난 후 나는 이렇게 말했다.

"임신 안 했습니다."

병원 감염을
조심합시다!

|1999|08|31|

언젠가 뉴스 보도를 보니 병원(사람이 다니는 병원)에 입원한 환자들 중 15퍼센트 정도가 병원 감염을 '당했다'고 한다. '당했다'는 표현이 옳은 것인지는 모르겠지만 어쨌든 병원에서 병이 옮았다고 한다.

'세상에! 병 고치러 병원에 갔는데 도리어 병이 옮았다고? 세상에 믿을 × 하나도 없구먼.'

이렇게 생각하는 사람도 있을 것이다.

그러나 꼭 그렇게 생각할 것만도 아니다. 병원에는 갖가지 질병으로 통원 혹은 입원 치료를 받는 사람들로 가득하다. 병에 따라 전염성이 없는 질병도 있고 전염성이 강한 질병도 있다. 물론 병원에서는 최대한 적절한 방법으로 환자를 격리하고, 병원 기자재를 소독하고, 병원 직원들을 대상으로 위생 교육을 실시하는 등 병원 감염의 확률을 최소로 만들기 위해 노력한다. 하지만 병원 감염의 확률이 0퍼센트가 되기는 어렵다. 환자들은 그만큼 몸의 기능이 저하되어 있어 각종 병원체에 노출되면 건강한 사람에 비해 병에 걸릴 확률이 높기 때문이다. 완전 격리 시설에 수용되지 않는 한 병원 감염의 가능성은 항상 존재하는 것이다.

그렇다면 동물병원에서의 병원 감염 상황은 어떨까? 동물병원에서도

이 초롱한 눈망울을 지키기 위해서라도 병원 감염이 없도록 최선을 다해야 한다.

병원 감염이 발생하기도 한다. 간단하게는 개선충증 같은 전염성이 높은 피부병을 앓은 개를 퇴원시킨 후 적절한 소독을 하지 않고 그 개가 있던 자리에 다른 병으로 입원한 개를 넣어 두는 경우, 혹은 전염성 피부병에 걸린 개를 사전에 체크하지 않고 미용을 한 후 클리퍼를 소독하지 않고 다른 개한테 미용하는 경우에 그런 일이 생긴다.

이런 경우야 큰 병이 아니니 그나마 문제가 적지만, 홍역이나 파보 바이러스성 장염 등과 같이 전염성과 폐사율이 높은 바이러스성 전염병이라면 큰 문제가 된다.

대개의 병원에서는 이런 문제들을 충분히 알고 있으므로 적절한 조치를 취하고 있다. 격리 병실을 두어 전염성 질환의 동물과 비전염성 질환의 동물을 분리해 놓거나, 공간이 충분하지 않은 병원에서도 나름대로 최대한 병원 감염을 막기 위해 애쓴다.

언젠가 병원에서는 보호자가 애완동물을 안고 있어야 하고, 다른 동물을 만지지도 말라고 한 것도 바로 병원 감염의 위험성 때문이다. 상대방의 개가 무슨 병에 걸린 줄 어떻게 알겠는가?

얼마 전에 우리 병원에서 교배하고, 분만 때 내 손으로 꺼내고 2개월령 정도에 분양할 때까지 지켜봤던 강아지가 병원 감염으로 추정되는 원인으로 하늘나라로 가 버렸다는 연락을 받았다. 나도 오늘 대대적으로 병원 소독을 해야겠다. 우리 병원이라고 해서 병원 감염을 결코 피해 갈 수는 없을 테니까.

한 사건 ✻ 세 시선

| 1999 | 11 | 12 |

손님이 문을 열고 들어온다.

수의사 : 어서 오세요. 무엇을 도와드릴까요? (와, 손님이다! 이게 얼마 만이야.)

손 님 : 네에. (오늘은 이 수의사가 왜 이리 친절하게 인사까지? 오늘은 돈이 얼마나 들려나?)

강아지 : 으르릉~! (씨이! 언니는 놀러 간다고 하더니 병원이야! 왜 하필 저 수의사야? 주사도 아프게 놓는데.)

손 님 : 우리 개가 토하고 설사하고 그래요, 갑자기. (이 녀석은 만날 이래.)

수의사 : 갑자기요? 뭐 다른 거 먹인 적 없어요? 잘 생각해 보세요. (불어! 불란 말이야! 말을 해야 알지.)

강아지 : 끄응~~~. (내가 뭘 먹었더라? 아! 그거!)

손 님 : 글쎄요? (내가 뭐 하루 종일 개랑 같이 있나? 나도 바쁜 사람이란 말이야. 당신이 수의사니까 당신이 알아내야지.)

수의사 : 글쎄요라…. (오늘도 좀 복잡해지겠군.)

강아지 : (헤~~~, 어젯밤에 언니가 남긴 순대랑 족발 훔쳐 먹었는데.)

이렇게 쓰니까 별로 재미없다, 다시.

수의사의 일기

오전부터 비가 온다. 유비무환, 비가 오면 환자가 없으니 오늘도 공쳤군. 요즈음은 손님도 없고. 경기가 빨리 풀려야지, 원. 12시경에 손님이 왔다. 가끔 오는 손님인데 만날 뭘 잘못 먹여서 개가 토하고 설사한다고 온다. 내가 다른 음식 주지 말라고 그렇게 이야기했건만. 바보인가 보다. 아니면 내가 보고 싶어서 일부러 먹이는 건가? 오늘도 처음에는 자기의 범죄(?) 사실을 완강히 부인했다. 그러나 내가 누군가! 유도신문을 통해 자백을 받아 내는 데 성공했다. 이 아가씨가 자백할 때의 얼굴 표정은 언제 봐도 재미있다. 기본 치료 후 약을 주고 주의 사항을 알리고 내일 또 오라고 했다.

손님의 일기

멍멍이가 오늘도 또 토해서 동물병원에 갔다 왔다. 왜 이 녀석은 자주 토하는 걸까? 병원에 들어가니 신문 보고 있던 수의사가 벌떡 일어난다. 오늘도 내가 첫 손님인가 보다. 12시나 됐는데. 하긴 그 수의사 하는 거 보니까 손님이 없을 만도 하다. 나한테 하는 걸로 보면 오히려 손님들에게 큰소리칠 거다. 수의사가 뭘 먹였냐고 계속 물었다. 먹인 게 없어서 없다고 했더니, 아니라면서 자꾸 생각해 보라고 한다. 귀찮아서 그냥 순대 먹었다고 했다. 그랬더니 씨익 웃더라. 뭔가, 그 웃음의 의미는? 우리 개가 아파서 좋다는 건가? 순대 좋아하나? 병원을 바꾸든지 해야지, 원. 가까워서 가기는 하지만….

강아지의 일기

에이 씨! 오늘도 병원에 가서 주사 맞았다. 놀러 간다고 거짓말하고선! 언니가 의미심장한 표정을 지을 때 눈치 챘어야 했는데. 내가 그 모퉁이 돌 때 알아봤다. 난 그 병원이 싫다. 수의사가 똥꼬에 뭐 찔러 대고 배 만지고. 난 숙녀인데. 토한 거? 그냥 트림하다가 어제 먹은 순대 좀 내놓은 것뿐인데. 내가 한두 번 그랬나? 좀 있다가 먹으려고 했는데 언니는 금방 닦아 버리고, 후다닥 병원에 가서 주사를 맞히다니. 이렇게 과잉보호 받기는 싫은데. 언니는 맘이 너무 약해서 탈이야.

도둑과 개

| 1999 | 12 | 21 |

어제 우리 집에 도둑이 들다 말았다. 베란다 쪽 문을 따고 들어오려고 시도를 했던 모양인데, 보조 잠금 장치를 잘 잠가 놓아서 베란다 바깥쪽 유리 한 장이 깨지고 베란다로 나가는 문만 고장 난 정도의 피해로 끝났다. 뭐, 집에 들어왔다고 해도 별로 훔쳐 갈 것도 없지만.

한 가지 걱정스러운 것은 그 시간이 오후 6시경이었다는 점이다. 아내와 애들이 낮잠 자는 동안 집에 불이 꺼져 있으니 빈집인 줄 알고 들어오려고 했나 보다. 차라리 빈집일 때 들어오면 그나마 다행인데 사람이 있을 때 들어오다니….

도둑이 들고 나서 가만히 생각해 보니 도둑과 개에 대한 몇 가지 이야기가 떠오른다.

장면 1. 개가 도둑을 쫓은 경우

한 고객이 있었다. 에프리 푸들(갈색 푸들)을 길렀다. 2킬로그램 정도의 작은 개로 성격도 조용하고 짖지도 않는 착한 녀석이었다. 어느 날, 주인 아주머니가 병원에 오더니 강아지 간식거리를 한아름 사는 게 아닌가.

"오늘 무슨 일 있어요? 동네 개들 모두 불러서 파티라도 하세요?"

마치 묻기를 기다렸다는 듯이 아주머니는 이야기를 쏟아 놓았다.

"글쎄~ 우리 몽몽이가 도둑을 잡았지 뭐예요. 그렇게 착하고 얌전하던 애가 웬일인지 밤에 막 짖는 거예요. 하도 짖어서 나가 보니 뭐가 후다닥 나가는 거예요. 불을 켜고 보니 바닥에 발자국이 있고 베란다 문이 반쯤 열려 있었어요, 글쎄…. 하도 예쁘고 기특해서 간식거리를 사 가는 거랍니다."

사실을 말하자면, 그때까지 그 아주머니는 개를 그렇게 예뻐하지 않았다. 늘 하는 말이 "애들 때문에 기르지, 뭐 내가 좋아서 기르나. 수컷이라 밥값도 못하고. 그래도 어떻게 해. 정들었으니 키워야지."라는 거였다. (수컷이라 밥값도 못한다는 말은 암캐는 새끼를 낳으면 분양을 할 수 있고, 분양을 하면 돈이 생긴다는 뜻이리라.)

그런 찬밥 신세 몽몽이가 도둑을 물리친 용감한 개가 됐으니 당분간 몽몽이 팔자가 폈다, 당분간. 두어 달쯤 지나자 아주머니는 그 사건을 잊어버렸는지 또 그 밥값 타령을 시작하더군.

장면 2. 개가 도둑을 무시한 경우

한 아주머니가 씩씩거리며 들어오더니 대뜸 하는 말.

"여기서 개 안 사요?"

"여긴 병원이지 개를 사고 파는 곳이 아닙니다. 그런데 왜 잘 기르시던 개를 파시려고요?"

"아니, 이놈의 개가 밤에 집에 도둑이 들었는데 짖지도 않고…. 구석에 숨어 있었는지, 잠자느라 도둑 드는지도 몰랐는지. 으이구, 뭔 개가 짖지도 않아서."

너무 화가 나서 개를 팔고 잘 짖는 개로 바꾸려고 한단다. 그 개 역시 애완용 개였다. 집 지키려면 로트바일러 같은 개를 길러야지! 도둑은 나도 무섭던데….

장면 3. 도둑이 개를 훔쳐 가려 한 경우

여름에는 개 도둑이 극성을 부린다. 개고기 값이 쇠고기 값을 훨씬 웃도는 계절이니 돈에 눈이 먼 일부 인간들이 개를 막 훔친다. 밖에서 기르는 개뿐만 아니라 잠깐 밖에 나가 있는 애완용 개까지 식용으로 쓰기 위해 잡아 간다. 오토바이로 기동력까지 갖추고.

1997년 여름 어느 날, 전화가 왔다.

"왕진 좀 와 주세요. 아침에 나가 보니 개가 갑자기 비실비실 이상해요."

가 보니 상당히 크고 잘 생긴 진돗개였다. 이리저리 살펴봐도 특별히 이상한 데는 없는데 눈동자가 풀리고 다리에 힘이 없었다. 그런데 구석에 토한 자국이 있었다. 자세히 살피니 고깃덩어리 조금과 캡슐형 약 껍질 흔적이 보였다.

"이 개 아파서 약 먹이셨어요?"

"아니요."

이상하다. 집 안에 있는 녀석이라면 주인이 먹는 약을 훔쳐 먹는 경우가 있지만 이 녀석은 밖에 묶여 있으니 그럴 가능성은 적고.

수의사를 희망하는 사람이라면 평소에 추리 소설을 열심히 읽어 두어야 한다. 수의사의 직업적 특성상 추리를 해야 하는 경우가 많기 때문이다. 개는 말을 안 하지, 주인은 모르지. 개의 전신 상태와 주변에 남아 있는 범행(?)의 흔적, 그리고 그동안의 사건(진료)을 해결하는 과정에서 익힌 동물적인 본능에 의해 사건의 전말을 유추해서 범인(병의 원인)을 찾아내야 하는 경우가 많기 때문이다.

정황을 종합해서 추리한 시나리오는 이렇다.

때는 여름, 개 도둑이 극성이다. 주위를 탐문 수사한 결과(사실은 들은 이야기다.), 그즈음 도둑이 개를 훔쳐 간 집이 한두 집 있었다. 고기에 약을 타서 먹이는 건 개 도둑이 큰 개를 훔쳐 갈 때 쓰는 방법 중의 하나다. (그래서 개를 훈련시킬 때는 주인 외에 다른 사람이 주는 음식은 먹지 않게 하는 훈련도 한다.) 이번 사건도 그 방법에 의한 범행이 아닌가 싶다.

다행히 그 개는 오후쯤 완전히 약 기운을 떨쳐 버리고 정상적인 활동을 하게 되었다.

장면 4. 도둑이 개를 훔쳐 간 경우

도둑에게 당하는 개 중에는 주로 무턱대고 사람을 좋아하는 개나 예쁜 개가 많다. 방과 거실을 자유롭게 오가던 녀석이 아침에 일어나 보니 온데간데없는 황당한 일을 당할 때가 있다. 도둑이 든 흔적은 있는데 다른 건 안 훔쳐 가고 개만 훔쳐 간 것이다. 세상에! 집에 그렇게 훔쳐 갈 게 없었나? 아니면 개를 무척 좋아하는 도둑이었나? 동물 좋아하는 사람치고 착하지 않은 사람 없다는 말은 거짓말인가 보다. 아니면 그 도둑이 착했던 것일까?

기술자 신드롬, 수의사 신드롬

| 1999 | 12 | 30 |

　기술자들 사이에는 '기술자 신드롬'이라는 것이 있단다. 고장 신고가 들어와서 현장에 나가 보면 그때까지 안 되던 기계가 이상하게도 잘 돌아간단다. 그냥 돌아오면 얼마 안 가서 또 고장 신고가 들어온다. 또 가 보면 아무 이상이 없고. 그래서 한 기술자가 자기 사진을 기계 앞에다 붙여 놓았더니 그 후로는 기계가 말썽 없이 잘 돌아가더란다. (『리더스 다이제스트』에서 읽은 내용이다.)

　언젠가 작은 강아지를 안은 손님이 왔다. 강아지를 분양 받은 지 이삼 일 됐는데 밥도 안 먹고 설사를 한단다. 그 강아지는 우리 병원의 단골 고객에게서 분양 받은 것으로, 분만 후 1차 접종도 하고 또 어미 개의 건강 상태도 좋은, 별 문제 없는 강아지였다.
　이것저것 물어봐도 별 뾰족한 단서가 없었다. (이것을 병력 청취, 즉 history taking이라고 한다. 집에 가서 뭘 먹였나, 혹시 사람이 먹는 음식을 먹이지는 않았나, 요즈음 식사 메뉴는 어떤가, 집은 몇 층인가, 애들은 있나 등 개의 주변 환경과 직접적인 병의 경과에 대해서 물어보는 것이다. 가끔은 무슨 호구 조사냐고 묻는 이도 있다. 어떻게 보면 내가 묻는 내용이 강아지 치료와 무

치와와 '미니'. 상당히 오랜 기간 우리 병원의 단골이었던 미니. 특별히 아파서 내원했던 건 아니고 예방접종과 간단한 피부병 치료를 하기 위해 병원에 왔다. 치와와 품종 특유의 예민함도 없고 정말 똑똑했던 녀석이다. 그런데 언젠가 미니의 보호자가 다른 강아지를 안고 병원에 오셨다. "미니는요?" "교통사고로 그만…."

슨 상관이 있나 싶겠지만 다 관계가 있어서 물어보는 거다.)

일단 병원에 두고 좀 지켜보자고 했다. 그런데 이 녀석, 병원에서는 밥도 잘 먹고 변도 잘 싸고 아무런 이상이 없는 거다. 저녁에 퇴원을 시키고 다음 접종 날짜에 오라고 했다.

이틀 후, 같은 증상으로 녀석이 또 왔다. 병원에서 두고 보니 또 이상이 없어 퇴원시켰다. 이러기를 한 서너 번 했나?

참 이상하다, 이상해! 그때 그 '기술자 신드롬'이 생각났다. 마지막 퇴원하던 날, 나는 잘 나온 내 사진 한 장을 강아지 주인인 아가씨에게 내밀었다.

"원장님은 유부남이잖아요?" -_-;;;

"오버하지 말고 내 말 좀 들어 봐요. 기술자 신드롬이라는 게 있는데요…."

어쩌고저쩌고…. 장황한 설명.

"일단 가져가서 강아지 집에 붙여 보세요. 효과가 있을지도 몰라요."

"그럴까요?" (혹시 딴맘 있어서 그런 거 아닌가?)

그 강아지, 그 문제로는 다시 병원에 오지 않았다. 믿거나 말거나.

유쾌한 수의사의
동물병원
24시

3장

엽기 병원 엽기 고객

2000년 1월 ~ 2001년 12월

몸을
던져 막아라!

| 2000 | 03 | 25 |

우리 병원의 전반적인 살림을 맡고 있는 김 매니저와는 나우누리 동물사랑모임을 통해서 처음 만났다. 나는 동물사랑모임의 '사이버 동물병원'란에 올라오는 각종 문의에 대한 답변 및 상담을 맡고 있었는데, 언제부터인가 그 일에 싫증이 나서 한동안(두 달쯤) 태업을 하고 있었다. 그러는 동안 누군가가 나를 대신해 답변을 하는데, 앗! 답변 내용이 나보다 더 훌륭했다.

그 즉시 쪽지를 날렸고, 그렇게 그 사람과 연락이 닿았다. 알고 보니 우리 병원에도 개 껌을 사러 온 적이 있다고 한다. 이 친구의 취미가 동물병원을 돌아다니며 개 껌을 사는 척하면서 그 병원의 분위기를 염탐하는(?) 것이란다. 마침 집도 우리 병원에서 가깝다고 해서 얼굴이나 한 번 보자고 그 친구를 불렀다.

당시만 해도 병원이 작아서 수술을 할 때면 도와줄 사람이 필요했다. 그런데 마침 이 친구도 나만큼 피 보는 것을 좋아해서(전공이 비슷하다.) 수술을 할 때면 가끔 도와 달라고 부탁하게 되었고, 그렇게 지낸 지 벌써 2년째다. 그러던 차에 이번에 병원 확장을 하면서 인원 보충을 하게 됐다. 넌지시 함께 일하지 않겠냐고 했더니 "얼마 줄 건데요? 계약서 써

요!" 하며 세게 나오는 바람에 우리의 악연은 오늘까지 질기게 이어지고 있다. ^^

사설이 길었다. 본론은 김 매니저의 눈물겨운 활약상이다.

지금 병원 호텔에 시베리안 허스키라는 겁나게 큰 개가 있다. 아랑이라는 녀석인데, 4개월밖에 안 됐는데 웬만한 진돗개만하다. 이 녀석이 오줌을 한 번 싸면 '노아의 홍수'가 다시 시작되는 게 아닌가 걱정스러울 정도다. 힘은 또 얼마나 센지 호텔 문을 발로 긁어서 엉망을 만들었다. (나쁜 놈! ㅠ.ㅠ) 이 녀석, 낮에는 병원 1층 쇼핑몰을 어슬렁거리는데, 바로 그때 사건이 일어났다.

현장에는 김 매니저와 아랑이가 있었다. 이때 웬 남녀가 들어와 토끼 사료에 대해 물어보다가 아랑이를 보더니 "와! 진짜 크다." 하며 감탄했다. 아랑이는 어떻게든 밖에 한번 나가 보려고 문 앞을 어슬렁대고 있었다. 이때 이 여자가(미안하지만 도저히 '여자분'이라는 존칭이 안 나온다.) 무슨 생각인지 문을 열어 주는 게 아닌가! 이건 정말로 대단히 대단히 위험한 행동이다. 개가 밖에 나가면 인도나 차도를 뛰어다니다 교통사고가 날 수도 있고 도망갈 수도 있다. 아랑이는 병원 호텔을 이용하고 있으니 주인도 부재 중이다. 그러니 나가면 큰일이다. 그런데 문을 열어? 나 욕 나오려고 한다. 당연히 아랑이는 밖으로 뛰어나가고….

아찔한 순간이었다. 바로 그때! 사명감 투철한 우리의 김 매니저, 본능적으로 뛰어나가는 아랑이를 잡았다. 이 녀석은 껑충껑충 뛴다. 크고 힘센 녀석이 그렇게 뛰니 우리의 김 매니저, 아무리 보통 여자보다는 힘이 세다지만 잡느라고 넘어지고 뒹굴고, 나중에 보니 손 까지고 무릎 까지고…. 결국 잡아 왔다!

아랑이와 같은 종류인 시베리안 허스키 '파전'. 시베리안 허스키의 매력은 저 몽환적인 느낌의 눈이다.

문제의 두 남녀는 뭐 하고 있었냐고? "야! 강아지 잘 뛴다." 하며 막 웃고 있었단다. 난 2층에 있어서 그런 일이 있는 줄 몰랐다. 1층을 비추는 모니터를 언뜻 보니 누군가 이리 뛰고 저리 뛰고 분주한데다 1층에서 자꾸 소리가 나기에 뭔 일인가 알아봤더니 그랬다는 것이다.

그 사람들 그때 없었으니 다행이지, 나한테 걸렸으면…. 나도 화나면 무섭다! 아무리 손님이라도 그 정도라면 정말 화가 난다. 김 매니저의 까진 손등과 무릎을 두 손으로 꼭 쥐면서 난 정말 감동했다. ^_^ 이런 사람과 함께 일할 수 있다니, 나처럼 복이 많은 수의사가 또 있을까?

병원에 맡긴 개는 원칙적으로는 풀어 놓으면 안 된다. 오늘 같은 일이 일어날 가능성이 항상 있기 때문이다. 만약 오늘 아랑이가 밖에 나가 사고라도 났다면….

생각하기도 싫다. 모든 책임은 나한테 있다. 왜? 내가 원장이니까. 꼭 내 책임이어서가 아니다. 만약 개가 다친다면 주인의 마음과 그 개의 운명은 어떻게 되겠는가?

동물병원에 들어갈 때는 문을 열기 전에 안의 상황을 꼭 한 번 살펴보는 게 좋다. 일단 병원 안에 들어가면 동물을 안고 있거나 목줄을 꼭 잡고 있어야 한다. 자칫 방심하면 큰일 난다. 결코 남의 이야기가 아니다. 바로 당신에게도 일어날 수 있다.

손님도 아닌 것이,
✺스태프도 아닌 것이

| 2000 | 04 | 04 |

　언젠가 병원을 찾는 고객의 유형에 대해서 성토한 적이 있다. 그 유형 중 어느 부류에도 속하지 않는 변형된 유형의 고객이 새로 등장했다. 이 새로운 유형의 고객을 나는 감히 '엽기적인 고객'이라고 부르고 싶다.

　병원 확장 공사를 한 후 병원도 제법 넓어지고 놀러 오는 사람들도 좀 많아졌다. 통신에서 알게 된 사람들도 자주 놀러 오는데, 이 사람들이 바로 엽기 고객이다.

　이 고객들의 특징을 한마디로 말하자면 '손님도 아닌 것이, 스태프도 아닌 것이'다. 분명히 우리 병원의 손님이다. 그런데도 병원에 와서 잡일도 하고, 밥도 먹고, 알아서 차도 마시고, 다른 고객들에게 이런저런 상담도 해 주고, 물건도 팔고, 다른 정식 스태프들처럼 원장 구박도 막 하고 그런다.

　이 엽기 고객들의 특징은 꼭 밥 먹을 때에 맞춰 나타난다는 거다. 밥 때가 되면 병원 안에 있는 모든 사람들에게(당연히 고객도 포함해서) 밥을 먹이는데, 이를 악용하는 고객들이 늘고 있는 듯하다. 처음에는 스태프들이 기분 좋게 "이리 와요. 숟가락만 하나 더 놓으면 되는데…." 하고 권하면 약간 머쓱한 표정으로 사양을 한다. 한두 번 더 권할 거라는 계

이제 겨우 30일령의 스쯔 '춘향'이. 호흡기 감염으로 내원했는데, 대기 시간이 지루했나 하품을 어찌나 시원하게 하는지….

산을 끝낸 예의상 사양이다. 그러나 딱 한 번만 권하지 사양하면 더 이상 권하지 않는다는 병원 룰에 한 번 당한 후에는 "네!" 하면서 냉큼 달려든다.

겁나게 많이 먹는다. 원장 체면에 많이 못 먹게 할 수도 없고, 아깝다는 표현을 할 수도 없고, 참 난감하다. 혹자는 나를 소심한 원장이라고 흉볼지도 모르겠지만, 사람 마음은 다 똑같다. ^^

이런 고객들 중 가장 엽기적인 고객이 한 명 있다. 그녀는 모 통신사 자유게시판에 이런 글을 올렸다.

우리 랩ㅇㅇ가 다니는 병원은 참 이상하다. 불가피하게 저녁 식사 시간에 간 적이 많았는데, 손님이랑 스태프들이 같이 사다리타기를 해서 밥을 먹는다. 좀 황당하기는 했지만 다행히 큰 액수는 안 나와서 그냥 돈을 냈다. 그래서 그 다음날은 미리 저녁을 먹고 갔더니 사다리타기도 하지 않고 그냥 시켜 먹는다. 난 먹는 거 구경만 했다. -.-

매니저라는 여자도 한 명 있는데 직책이 의심스럽다. 나보고 병원 옮기란다. 와서 밥만 먹고 간다고. --;; 그래도 난 꿋꿋하게 먹는다. 내 동생은 오늘 두 그릇이나 먹었다. 자랑스럽다.

원장님이라는 사람도 참 이상하다. 만날 스태프들에게 구박만 받는다. 말 한마디 한마디 할 때마다…. 그러면서도 할 말 다 한다. 참 고집 센 사람이다.

인턴 선생님도 있다. 비교적 정상적이다. 밥 먹을 때 '땡'(똥) 얘기 하는 것만 빼고. 병원 식구들 모두 '땡' 이야기를 하면서 아주 아주 즐겁게 밥을 먹는다. 나 역시 맛있게 먹는다. -.-

무슨 일을 하는지 모르는 남자도 한 명 있다. 혹자는 머슴이라고도 부른다.

개 조련사쯤 되는 것 같기도 하다. 참고로 그 병원 개들, 할 줄 아는 게 아무것도 없다.

밥 먹고 나서 차 한 잔 달라고 했다가 '디지게' 욕먹었다. 셀프란다. 그런데 마지막 남은 차를 매니저가 홀라당 마셔 버렸다. 바닥이 보이는 커피병 거꾸로 들고 박박 긁어서 커피 타 놨더니 어디선가 새것 한 봉지 꺼낸다. 그것도 내가 병에 담았다. 아무도 안 말린다. -.-

밥 먹고 설거지 안 한다고 또 뭐라 한다. 뭐라고 한마디 하려고 하면 병원 옮기라고 한다. 정말 이상한 병원이다. 그런데 난 그 병원이 좋다. 나는 변태인가 보다. -.-

이 글을 읽고 우리 병원 다섯 명의 스태프들은 극심한 혼란 상태에 빠졌다. 우리 병원의 무엇이 이 엽기 고객으로 하여금 이토록 엽기적인 글을 공개적으로 통신망에 올리게 한 것일까? 우리 병원의 분위기가 그토록 이상하다는 말인가? 과연 우리 병원이 좋다는 말인가? 아니면 사실상 이상한 병원이라고 홍보는 것인가? 엄청난 회의와 토론 끝에 우리는 결론을 내렸다.

"걔가 이상한 거야."

모기가 싫어!
✺ 모기가 미워!

| 2000 | 04 | 10 |

　이제 곧 모기들이 활동하는 여름이 된다. 여름이면 동물병원에서는 더욱더 신경을 써야 하는 질병이 있다. 모기에 의해 전염이 되는 '심장사상충'이라는 병이다.

　매년 여름이면 심장사상충 구제제를 먹여야 한다. 김 모 양 역시 병원 매니저가 되기 전에는 매년 여름 병원에서 심장사상충 약을 사다 먹였다. 그 집에는 코크와 또 다른 한 마리의 개가 있다.

　심장사상충 구제제 한 알이면 몸무게가 11킬로그램 정도 되는 개까지 먹일 수 있다. 그 집 개 두 마리의 몸무게를 합하면 8킬로그램 가량. 김 매니저가 나에게 물었다.

　"이 약은 11킬로그램 되는 개까지 먹일 수 있으니까 한 알을 반씩 쪼개 우리 개 두 마리에게 먹여도 돼요?"

　나는 별 생각 없이 "그렇겠지."라고 대답했다. 진짜 별 생각 없었다. 보통 약은 체중에 따라 약을 쪼개어(분약) 먹이니까 이 약도 당연히 그래도 되려니 하며 무심히 넘겼다. 그런데 올해 사건이 터졌다. 이 친구가 병원에서 일하면서 심장사상충 자료를 보게 된 것이다. 이런저런 자료를 읽어 보더니 "샘! 이 약 쪼개 먹여도 되는 거예요? 확실해요?"로

기다려 놀이~. 녀석들 앞에 있는 건 강아지 비스킷이다. 이거 놓고 "기다려!" 하면 시아(왼쪽, 코크의 딸)는 성질이 급해서 앞발을 동동동 구르다가 자꾸 뒤로 밀려가고, 코크(가운데)는 내 입만 집중해서 본다. 얼른 '먹어!' 하고 말하라는 표정으로. 먹어! 먹어! 하는 그 소리만 기다리는 것이다. (사진과 글은 코크의 보호자인 김 매니저의 미니 홈페이지에서 발췌한 것이다.)

시작해서 이것저것 막 물어보는 거다. 심장사상충 유충의 기생 부위는? 모기에게는 어떤 형태로 들어가고, 모기의 몸에서는 이 유충이 어떤 변화를 거치고, 다시 다른 개를 물었을 때는 어떤 경로로 심장까지 가느냐? 심장사상충 진단 키트는 어떤 단계를 체크하는 것이냐? 심장사상충 약은 어떤 단계의 유충을 죽이느냐? 등등.

그래서 지금부터 심장사상충에 대한 리포트 자료를 작성하려고 한다. 좀 딱딱하고 재미없더라도 잘 읽어 주기 바란다. 겁나게 중요한 거다.

감염 대상 : 개, 고양이, 여우, 늑대, 사람. (사람에게는 그리 심각한 문제를 일으키지는 않는다.)

심장사상충 유충은 말초 혈관에 존재한다. 이 유충은 모기가 흡혈할 때 혈액과 함께 모기의 체내로 들어가는데, 이것을 L_1 단계(stage)라고 한다.

L_1 단계의 유충은 모기의 체내에서 성숙한 후 타액선으로 옮겨 간다. 모기의 체내에 들어간 유충은 외부 온도가 14도 이상인 환경에서 약 15~17일 만에 L_3 단계까지 성숙한다. L_3 단계는 포유류 종숙주(終宿主)에 감염력을 갖는 시기이다. 하지만 L_1에서 L_2 단계에는 종숙주의 체내로 유입되더라도 성충으로 성숙하지 않는다. 성숙한 유충은 모기의 주둥이 부위에 모여 있다가 타액과 함께 포유류 종숙주로 침투한다.

종숙주 내에서는 모기가 흡혈한 부위의 결합 조직에서 $L_3 \rightarrow L_4$로 성장한다. (40~50일 정도 걸린다.) 이후 혈액 내에서 $L_4 \rightarrow L_5$로 성장하고 L_5(미성숙 성충)는 우심실, 폐동맥으로 이동 → 교배 → 감염 후 6개월 후에 마이크로필라리아(L_1 단계의 유충)를 생산한다. 기생 부위는 우심실과 폐동맥이다.

중감염인 경우 심장 판막 기능 이상, 진행성 동맥내막염(폐동맥벽의 염증), 우측 심장 확장 비대, 간충혈, 간경화, 복수, 흉수 등의 증상이 나타난다. (폐동맥이 막혀 있기 때문에 충분한 양의 혈액이 순환하지 못하여 결과적으로 만성 간울혈 뒤에 간경화까지 발생하고, 순환기 장애의 전형적인 결과인 복수, 흉수가 발생한다.)

임상 증상 : 만성 기침, 활력 부족, 호흡 촉박, 비정상적인 심음, 운동 시 또는 운동 후 갑작스러운 심부전증, 휴식 시 사라짐.

간단히 말하면 이렇다.

개가 6개월령 미만이라면 검사할 필요 없이 바로 심장사상충 구제제를 먹인다. 하지만 6개월령이 넘었다면 먼저 감염 여부를 검사해서 양성이면 성충 구제를 한 후 예방 약을 지속적으로 먹이고, 음성이면 그냥 예방 약만 먹인다. 그리고 매년 1회씩 다시 검사를 하고 결과에 따라 치료를 하거나 예방 약을 먹인다.

왜 이렇게 복잡한가 싶을 거다. 현재 시판되는 심장사상충 진단 키트는 심장사상충의 성충에 대한 항체를 검사하기 위한 것이다. 즉 감염이 되었어도 감염된 지 6개월 미만이면 심장사상충의 유충이 아직 성충으로 성장하지 않아서 검사를 해도 음성으로 나온다. 그러니까 예방 약을 잘 먹이면 된다. (예방 약은 유충이 모기에게 물린 개의 조직 내에서 성장하는 L_3~L_4의 시기에만 효과가 있다.)

뭐가 그렇게 비싸냐고요?

| 2000 | 06 | 13 |

　며칠 전, 아주머니와 꼬마가(초등학교 6학년쯤 된) 포메라니안 한 마리를 안고 황급히 들어왔다. 오른쪽 눈이 튀어나왔다. 눈이 엄청나게 부은 데다 각막은 지저분하고 까맣게 변색되었다.

　"개가 하루 안 들어왔는데 다음날 옆집에서 전화가 왔어요. 우리 개가 자기 집에 있는데 이상하다고. 그래서 갔더니 글쎄, 개가 오른쪽 다리를 들고 있고 눈이 튀어나와 있었어요."

　개가 외출했다가 교통사고를 당한 것이다. 개를 진료대 위에 올려놓고 육안 검사를 시작했다.

육안 검사 소견(촉진 포함)

1. 우측 눈 : 돌출, 시력 손실 → 안구 제거 요망.
2. 우측 앞다리 : 골절 징후 없음. 타박의 통증으로 인한 기능 상실로 추정됨.
3. 우측 흉부 : 광범위한 피하 출혈로 인한 부종.

　청진을 했다. 교통사고의 경우 사고의 충격으로 인한 폐 내부 출혈 가능성이 있으므로 청진기로 폐음(폐가 움직이는 소리)을 들어 보아야 한다. 다행히 특별한 이상은 없었다. 사고 후 하루 이상 지났는데 폐음이 깨끗하면 일단은 안심!

엑스레이 검사에 들어갔다. 우측 앞다리와 폐를 보기 위해. 촉진으로는 크게 이상이 없어 보였지만 촉진은 어디까지나 촉진이다. 손에서 엑스선이 나오거나 슈퍼맨처럼 눈에서 엑스선이 발사되는 것이 아니니까. 검사 결과 골절이나 탈구 등의 징후는 없었다. 다행이다. 시간이 지나면 좋아질 것이다. 폐 역시 다른 이상은 보이지 않았다.

수술에 들어갔다. 오랜만에 하는 안구 적출 수술이라 책을 찾아 다시 한 번 수술법을 체크했다. 혹자는 "아니, 수술하는데 책을 다시 보다니, 실력 없는 수의사 아냐?" 할지도 모르겠다. 핑계를 대자면, 자주 하는 수술이 아니라면 꼭 다시 책을 보고 복습을 한 후 수술을 해야 한다. 수의사도 사람인지라 미처 확인하지 않으면 사고가 생기는 경우가 있으니까.

성공적으로 수술을 마쳤다. 교통사고 환축의 경우 보통 2~3일 정도 입원을 시킨다. 포메라니안 역시 병원에서 이틀을 지냈다. 여기까지는 좋았다.

그런데 오늘, 한 아저씨에게서 전화가 왔다. 포메라니안을 기르는 집의 가장이라는 그 아저씨, 목소리부터 심상치 않다.

"여보세요? 원장이요? 나 그 포메 주인이요. 무슨 수술비가 그렇게 비싸? 그 개 값이 얼만데. 그 돈이면 개 새로 사겠다. 눈을 정상적으로 만드는 수술도 아니고. 내 직장이 송파 쪽인데 이쪽 병원에 물어보니 반값이면 된다던데. 나 같으면 그거 치료 안 하는데, 애들이랑 마누라랑 하도 뭐라고 해서 맡긴 거요. 만약 내가 갔으면 그 가격에는 안 맡겼을 거

병원에서 함께 일하는 서지영 원장의 애견 '잔디'. 카메라를 들이대면 너무나 자연스럽게 포즈를 취한다.

요. 돈 안 깎아 주면 개 안 찾아갈 테니 그리 아쇼."

뭐, 대충 이런 이야기다. 글로 쓰니까 이 정도이지, 전화 받을 때 느낌은 정말 기분 나빴다. 꼭 내가 과잉 진료를 하거나 바가지를 씌운다는 뉘앙스였다.

난 이렇게 이야기했다.

"내가 그 원장이요. 내가 그 포메 수술한 사람이요. 수술비가 비싸다고? 송파 쪽이면 반값에 된다고? 그러면 그 병원에 가서 치료비 내역 받아 와 보쇼. 안구 적출 수술, 엑스레이 두 판, 이틀 입원. 이렇게 해도 치료비가 반값이면 내가 남은 돈 다 돌려주겠소. 그리고 내가 미성년자와 치료 상담했소? 성인인 당신 아내와 이야기했소. 충분히 이야기하고 치료비 내역이 왜 그렇게 나오는지도 이야기했소. 비용이 부담되면 그날 이야기하지, 수술에 입원 치료 다 끝나고 왜 이제 그래요? 나는 한푼도 못 깎아 주니 찾아가지 않으려면 찾아가지 마쇼."

사실 그 사람들, 치료비도 4분의 1만 주고 갔다. 남은 돈은 찾아가는 날 준다고.

단순히 무슨 수술 얼마냐고 물어서는 치료비가 다를 수밖에 없다. 그 보호자는 아마 눈 빼는 수술 얼마요, 그랬겠지. 개가 교통사고 나서 눈이 튀어나왔는데 하루 지나서 병원 갔다, 다리도 절어 엑스레이 두 번 찍고 이틀 입원했다, 그럼 얼마 드느냐? 이렇게 물어보지는 않았을 것이다. 그럼 당연히 금액이 우리 병원보다 적게 나오지. 뭐, 내가 바가지 씌웠겠나?

평소에는 고객들에게 이렇게까지 세게 나가지는 않는다. 어지간하면 치료비도 깎아 주고 화도 안 낸다. 그렇지만 내가 제일 예민하게 생각하는 과잉 진료와 수의사의 양심에 대해서 그렇게 이야기를 하니 참을 수가 없었다.

이럴 때는 차라리 '꼭 치료하고 싶은데 비용이 좀 부담된다. 조금만 깎아 달라.'라고 말하는 게 낫다. 분위기도 좋고, 맘도 좋고, 깎아 줘도 기분 좋고. 아니, 그런데 사람을 뭘로 보고! 이 전화 때문에 하루 종일 씩씩댔다. 하루가 어떻게 갔는지 모르겠다.

언제나 진료비가 문제다. 동물 진료비나 기타 비용이 부담되는 형편 어려운 분이 많다는 것은 안다. 의료 보험이 되는 것도 아니고, 동물 기르는 분들이 모두 넉넉한 살림인 것도 아니니까. 그래서 지금까지 병원을 운영하면서 경제적인 진료를 원칙으로 해 왔다. 아버지와 아내는 항상 내게 당부한다.

'돈에 욕심 내지 말고 누가 봐도 떳떳하게 일해라. 그렇게 일하면 사람들도 인정해 줄 것이다.'

나 역시 그렇게 하려고 애썼다. 그러나 요즘, 이런 진심이 통하지 않는다는 것을 많이 느낀다. 아! 언제쯤 진료비 부담 안 느끼고 소신껏 치료해 보나.

참, 그 포메는 집에 갔다. 남은 수술비 다 내고 갔냐고? 말 못한다.

사람은 자신이
✱ 보고 싶은 것만 본다

| 2000 | 07 | 06 |

얼마 전 체중이 2킬로그램 정도 되는 개가 병원에 왔다. 곧 분만일이라는데 배의 크기가 심상치 않았다. 엑스레이를 찍어 보니 태아가 여섯 마리쯤 보였다. 그 정도 크기에 새끼가 여섯 마리라니, 이런 경우라면 산후병 증상이 많이 온다.

산후병(Hypocalcemia)은 혈액 중 칼슘의 농도가 낮아져 발생하는 병이다. 뱃속에서 아기들이 생기고 자라나는 동안 그 살과 피와 뼈는 당연히 어미의 몸에서 만들어진다. 당연히 어미는 영양 손실이 있고, 때로는 자기 몸의 기능을 유지하는 데 필요한 기본적인 영양 수준 이하로 그 농도가 떨어지기도 한다. 그 중 칼슘의 농도가 정상 수치 이하로 떨어지면 바로 산후병 증상을 보이게 된다.

산후병의 증상은 40도 이상의 고열과 과호흡(숨을 엄청나게 깊게, 빨리 쉰다.), 침흘림, 그리고 사지 강직(몸이 뻣뻣해져서 로봇처럼 걷거나 아예 팔다리를 쭉 뻗고 누워 버린다.) 등이다. 이 증상들은 워낙 특이해서 수의사라면 금방 눈치를 챌 수 있다.

40도 이상의 고열이 어느 정도인가 하면, 개의 몸에 손을 댔을 때 약

고양이 '주리'. 주리 눈에 비친 세상은 어떤 모습일까?

간 과장해서 '앗! 뜨거!' 할 정도다. 개를 키우는 사람이라면 체온계를 준비하고 있다가 개 상태가 좀 이상하면 체온부터 재 보는 것이 좋다. 개의 정상 체온은 38~39도 정도다. 체온은 항문으로 잰다. 사람처럼 입에 넣으면 안 된다. 큰일 난다. 씹어 먹는다. 누군가의 경험이다.

그 개가 분만을 했다. 작은 개가 여섯 마리를 분만했으니 산후병 이야기를 안 할 수가 없다. 그래서 주절주절 열심히 산후병 얘기를 했다. 주인 아가씨는 고개도 끄덕이고 눈동자도 반짝거리며 '어머, 어머' 해 가면서 열심히 이야기를 들었다. 이만하면 교육이 충분히 됐겠지, 하며 돌려보냈다.

그 후 어느 날, 갑자기 전화가 왔다.

"선생님, 어젯밤에 저희 개 죽을 뻔했어요. 흑흑…."

"아니, 왜요?"

"개가 갑자기 헉헉거리더니 몸이 뻣뻣해지는 거예요. 밤인데다 너무 정신이 없어서 강남에 있는 24시간 하는 병원으로 달려갔어요. 혈액 검사, 엑스레이 검사, 초음파 검사 다 하고 수액 맞고 겨우 살렸어요."

잠시 후 그 아가씨가 어미 개를 데리고 병원으로 왔다.

"그거 지난번에 내가 자세히 얘기해 줬잖아요! 잊어버렸어요?"

그러자 이 아가씨 대답.

"그거 우리 개 이야기였어요?"

이런 일이 종종 있다. 사람들은 자기가 보고 싶은 것만 보고 듣고 싶은 것만 듣기 때문이다. 나도 그런 경우가 있으니 남의 흉만 볼 처지는 아니다.

어둠 속에
✸벨이 울릴 때 3

| 2000 | 07 | 20 |

대개 퇴근할 때 병원 전화를 휴대폰으로 돌려놓는다. 그래서 밤에는 병원으로 전화를 해도 휴대폰으로 연결된다. 가끔은 휴대폰으로 직접 전화하는 분도 있다. 밤에 응급 상황에 처하면 다니던 병원이 제일 미더우니까 일단 전화부터 하고 보는 것이다. 한동안, 밤에 오는 응급 전화가 뜸하더니 올봄부터 밤 전화가 심심치 않게 오기 시작했다.

속 모르는 사람들은 "야~ 병원 잘 되나 보다. 밤에 전화가 온다면 응급 상황일 테고, 분만이나 사고일 확률이 높으니까 돈 많이 벌겠다."고 말하지만 절대 그게 아니다. 우리 병원 홈페이지가 유명해지고 회원 수와 방문자 수도 많아지고, 덩달아 병원 연락처도 알게 되어서 생기는 일종의 부작용(?)이다.

부작용? 아니 부작용이라니? 사람이 급해서 전화를 하는데 그걸 부작용이라고 표현을 하다니 너무 거만해진 것 아냐? 비난의 소리가 들리는 듯하다. 사정 좀 들어 보시라.

사람들은 밤에 인터넷을 많이 하나 보다. 홈페이지 이곳저곳을 구경하다가 갑자기! 불현듯! 궁금증이 생기면 바로 전화번호를 누르는 것 같다. 그 시간에 나도 깨어 있을 거라고 생각해서인지, 아니면 그런 생각조차 안 하는 것인지.

급한 상황이라면 나는 언제든지 눈 비비고 5분 안에 병원으로 뛰어올 수 있다.

"우리 개가 교통사고가 났어요. 어떻게 해요?"

이런 전화라면 눈이 번쩍 떠진다. 새벽 4시라도 그렇다. 응급 상황이기 때문이다.

"지금 어떤 상태인가요? 호흡과 정신은 어때요? 어디쯤이세요? 병원에 언제쯤 도착하실 수 있어요?"

옷을 입으며 이것저것 묻는다.

"부산인데요."

아, 어쩌라고? ㅠ.ㅠ

그렇다고 전화를 안 받을 수도 없다. 진짜 급한 응급 전화도 가끔 오니까.

잃어버린 개를 찾는 방법

| 2000 | 08 | 31 |

  가끔 개를 잃어버린 분이 병원으로 전화를 하거나 직접 방문하는 경우가 있다. 개의 특징, 전화번호 등을 알려 주거나, 직접 찾아올 때는 '사진, 연락처, 후사하겠습니다' 등의 내용이 담긴 전단지를 놓고 가기도 한다. 애지중지 기르던 개가 갑자기 없어졌으니 얼마나 놀랐겠는가?

  이런 일은 누구에게나 일어날 수 있다. 지금까지 우리 병원에서 일어났던 개 실종 사건을 하나씩 되짚어 보면서 '타산지석'으로 삼았으면 한다.

사건 번호 1. 50만 원의 사례금

  우리 병원 단골이던 젊은 부부는 잘생긴 스쯔 한 마리를 키우고 있었다. 어느 날 두 분이 병원에 왔다. 개가 없어졌단다. 개를 잠깐 내려놓고 차 문을 연 후 개를 다시 안으려고 보니 개가 없더란다. 5초도 안 된 사이에 흔적도 없이. 아마 호기심이 많은 녀석이라 뭔가를 보고 달려갔으리라. 그러니 어떻게 하면 좋겠냐고 의논하러 온 것이다.

  일단 근처의 모든 동물병원, 애견 센터 등에 연락을 하고 전단지를 만들어서 동네에 뿌리기로 했다. 현상금(아니 보상금)도 적당히 주겠다고

동물을 데리고 외출을 할 때는 반드시 목줄을 하는 것이 좋다. 목줄에 개 이름과 전화번호가 표기된 이름표를 달아 두면 만일 하나 동물을 잃어버렸을 때 도움이 된다. 예쁜 옷을 입고 목줄도 하고 내원한 '뽀빼'.

밝히고. (사람들은 꼭 돈을 준다고 해야 다시 돌려준다. 슬프다.) 보름이 지나도 연락이 없어 보상금을 올리기로 했다. 20만 원에서 50만 원으로. 다시 전단지를 붙이자 다음날 바로 연락이 오더란다. 어떤 노인네가 비슷한 개를 데리고 있다고. 흥분해서 달려갔단다.

"개 보여 주세요!" 했더니, 그 노인네 대뜸 "돈 먼저 봅시다." 이러더란다. 세상에, 무슨 마약 거래하나? 마약 거래 비슷한 분위기에서 개는 찾았지만 혹시 그 노인네가 전문적인 강아지 현상금 사냥꾼은 아닐까, 하는 생각도 들었다. 아니겠지?

사건 번호 2. 범인은 가까운 곳에 있다

발단은 비슷하다. 더운 여름, 문 열어 놓고 맛있는 낮잠 자고 일어나니 개가 없더란다. 울고불고하며 온 동네를 찾아다녔는데 못 찾았다.

한 주, 두 주가 지나고 한 달이 지났다. 거의 포기할 무렵 옆집에서 개 우는 소리가 자꾸 들리더란다. (단독 주택이니 옆집 소리가 들린다.) 원래 그 집에는 개가 없었다. 그 집 개는 어떻게 생겼나 구경하려고 갔더니 옆집 사람이 이런저런 핑계를 대면서 집 안에 못 들어오게 하더란다. 바로 그때 개가 더욱 크게 짖어 댔다. (워낙 청각과 후각이 발달해 주인의 목소리와 체취를 맡았나 보다.) 가까이서 들으니 자신의 개가 짖는 소리다. 문을 밀고 억지로 들어가니 개가 좋아서 자기에게 달려들더란다. 옆집 사람은 자기 개라고 우기고….

그날부터 싸움이 시작되었다. 결국 원래 주인이 이겼다. 이 개는 수술한 적이 있었는데, 원래 주인이 그걸 알고 있었기 때문이다.

영화에서 보면 악당이나 살인자는 항상 가까운 곳에 있다. 혹시 개를 잃어버리면 제일 먼저 집 주위부터 찾아보자.

사건 번호 3. 스스로 돌아오는 개

역시 발단은 비슷하다. 개가 갑자기 없어져서 온 동네를 뒤지다 기운 없이 집으로 돌아갔더니 집 앞에서 개가 씨익 웃으며 기다리고 있더란다. 마치 아무 일도 없었던 것처럼. 덩치도 크고 굉장한 장난꾸러기인 슈나우저였는데, 아마 심심해서 여기저기 구경 다니다가 밤도 되고 배도 고프고 돈도 떨어지니까 집 생각이 나서 다시 돌아온 게 아닌가 싶다.

사건 번호 4. 강아지 연쇄 실종 사건

여름에 특히 빈번하게 발생한다. 동네 개가 연쇄적으로 사라지는 것이다. 사라지는 개의 공통적인 특징은 밖에 많이 돌아다닌다는 것과 덩치가 좀 있다는 것이다. (가끔은 작은 개도 없어진다.) 밤낮 가리지 않고 사라지기 전에는 언제나 오토바이 소리가 난다. 대충 눈치 챘겠지만 보신용으로 사라지는 것이다.

사건 정리

잃어버린 개를 잘 찾는 것보다는 개를 잃어버리지 않으려면 어떻게 해야 할 것인지가 더 중요하다.

첫째, 이름표를 달아라! 이름표가 중요하다. 목줄에 개 이름과 전화번호가 표기된 이름표를 달아 놓는 것이 좋다. 이름표가 있어도 나쁜 사람한테 걸리면 소용없지만, 세상에는 나쁜 사람만 있는 게 아니니 확률은 50퍼센트로 늘어난다. 우리 병원에도 가끔 길에서 주운 제법 잘생긴 개가 들어올 때가 있다. 이름표만 있어도 연락할 텐데….

언젠가 우리 병원에서 이름표를 자체 제작해서 배포했던 적이 있다. 그 이름표 덕분에 세 마리 정도가 집을 찾았다.

둘째, 밖에 나갈 때는 반드시 목줄을 하라!

셋째, 문단속을 철저히 하라! 특히 밖으로 나가기 좋아하는 개라면 밖으로 나가는 문 앞을 철망 같은 것으로 막아 놓는 게 좋다. 사람들이 다니기에 좀 불편하겠지만, 개를 잃어버리는 것보다는 백배 낫다.

개를 잃어버리면 이렇게 하자!

1. 먼저 가까운 동물병원, 애견 센터 등에 연락한다.
2. 잃어버린 지점에서 가까운 곳부터 찾는다.
3. 재빨리 전단지를 만들어 잃어버린 지점 근처에 집중적으로 붙인다. 전단지에는 개의 최근 사진과 개의 특징 등을 자세히 써 넣고, 적절한 금액의 사례비를 눈에 잘 띄게 써 넣는다. 그리고 아파서 치료 중이라고 꼭 밝힌다.
4. 동물병원이나 애견 센터에는 특별히 원판 사진이 들어 있는 전단지를 붙인다.
5. 구청의 집 없는 개를 담당하는 부서로 연락한다. 주로 지역경제과, 산업과 등이다. 개를 주운 사람들이 경찰서나 119로 신고하면 경찰서나 소방서에서는 구청의 지역경제과로 연락하고, 그곳에서는 각 구마다 지정되어 있는 공수의(공적인 일을 하는 수의사)의 동물병원이나 동물보호협회 등에 연락해서 개를 보낸다.
6. 그래도 소식이 없으면 사례비를 올려서 전단지를 다시 붙인다.

개도 짖을 권리가 있다!

| 2000 | 09 | 20 |

요즈음 부쩍 이런 문의가 많다.

"성대 수술 하는 데 얼마예요?"

"개가 너무 짖어서 그러는데 어디 다른 데 보낼 곳이 있는지 좀 알아봐 주세요."

"아파트에서 개를 기르는데 이웃 눈치가 너무 보여요."

개를 좋아하는 사람들은 개 짖는 소리만 나도 어떤 종류일까 궁금해하고 보고 싶어 일부러 찾아보기도 하지만, 개를 싫어하는 이들에게는 개 짖는 소리 자체가 상당한 고통이 아닐 수 없다. 그래서 이웃의 눈치와 항의에 지쳐 위와 같은 문의를 하는 것이다.

성대 수술! 이 수술을 하면 개가 짖지 못한다. 수술이 잘 되면 거의 소리를 내지 못한다. 그런데 수술이 좀 잘못 되면 상당히 듣기 거북한 소리가 난다. 분명 개가 짖는 모습을 하고 있는데도 '헥헥' 소리만 내는 걸 보면 안쓰럽기까지 하다. 짖는다는 건 사람으로 치면 말하는 것이나 마찬가지인데 그걸 못하게 해 놓았으니….

물론 성대 수술을 시킨 주인의 속이 좋을 리 없다. 정든 개를 다른 곳에 보내자니 마음이 아프고, 그렇다고 이웃의 항의에 대해 나 몰라라 할

깊고 진한 속눈썹이 매력적인 슈나우저 '슈슈'.

수는 없는 일이고, 그래서 생각다 못해 수술을 시키고는 그 '소리 없는 아우성'에 마음 아파서 눈물짓는 사람들을 보노라면 내 맘도 편하지는 않다.

수술하는 것말고 다른 방법은 없을까? 좋은 방법이 하나 있다. '짖음 방지용 목걸이'를 사용하는 것이다. 이것은 개가 짖을 때의 진동을 목걸이 센서가 감지해서 두 개의 전극을 통해 개가 깜짝 놀랄 만한 강도의 전류를 흘려보내면 개가 놀라 순간적으로 짖지 못하게 되는 원리를 이용한 것이다. 나는 성대 제거 수술은 하지 않기 때문에 이 방법을 많이 권한다.

혹자는 이렇게 말한다.

"개가 짖을 때마다 전기 충격이 가해지면 얼마나 불쌍해요."

"수술해서 불쌍하나 전기 자극 때문에 불쌍하나 마찬가지 아닌가요?"

그러나 그건 개를 과소평가하는 것이다. 정상적인 지능을 가진 개라면 두세 번 짖고 혼난 후에는 목걸이를 하고 있을 때는 짖지 않는다. 짖으면 아픈데 왜 짖겠나.

가끔씩 밖에 나가거나 짖어도 되는 상황에서는 목걸이를 풀어 주어 편하게 해 줄 수도 있으니, 성대 제거 수술에 비해 훨씬 인간적(?)이다. 요즘에는 색상도 다양하고 디자인도 작고 예쁜 것들이 많이 나와 있어 2킬로그램 정도의 소형견도 부담 없이 쓸 수 있다. 제품 홍보하는 것처럼 됐지만, 성대 제거 수술보다는 짖음 방지용 목걸이를 사용하는 것이 더 좋다는 게 내 생각이다.

개도 짖을 권리가 있다!

까만 개?
하얀 개?

| 2000 | 10 | 17 |

　밤늦게 응급 전화가 왔다. 우리 병원에 처음 오는 고객인데, 푸들이 새끼를 낳으려고 한단다. 빨리 병원으로 오라고 했다. 그 고객은 검정색 푸들을 안고 들어왔다.

　상황 정리를 하자면 이렇다. 10시 30분에 퇴근을 하고 집에 오니 집 안이 난장판이 되어 있었단다. 신문이라는 신문은 모두 찢겨져 있고, 방 여기저기에 피가 얼룩져 있고….

　새끼의 머리가 골반을 통과해서 30분이 지난(주인이 발견한 후) 상태라는데, 언제부터 그 상황이었는지는 모른다. 새끼가 살아 있는지 검사할 시간도 없었다. 바로 새끼 꺼내기에 들어갔다.

　오른손에 거즈를 들고 새끼의 머리를 잡았다. (새끼를 싸고 있는 막이 미끈거려서 맨손으로 잡으면 미끄러진다.) 어미의 골반과 걸린 새끼 사이로 윤활액을 뿌려 새끼가 골반을 잘 빠져나오도록 했다. 주인에게 어미의 머리를 잡게 하고, 내 왼손으로는 어미의 아랫배를 잡고 새끼의 몸과 다리 부분을 골반 쪽으로 부드럽게 밀어 주었다. 이때 머리를 잡은 오른손과 몸을 미는 왼손의 힘의 균형이 중요하다. 오른손에 너무 힘을 주면 연약한 새끼의 머리에 손상을 줄 수 있다. 심하면 머리만 톡 나올 수도 있다. 끔찍하다. 내공과 외공의 힘의 균형을 맞춰 오른손을 시계 방향으로 돌리며 새끼를 뽑아 낸다. (달리 예쁜 표현이 없다.) 새끼가 진짜 컸다.

앗, 그런데 세상에 이런 일이! 새끼를 꺼내고 보니 흰색이다! 나도 놀라고 깜비(검정 푸들 이름) 주인도 놀랐다.

그러나 일단 새끼를 살리는 것이 우선이다. 오랫동안 골반에 걸려 목이 눌려 있었으므로 질식사 위험이 있었다. 호흡 촉진제를 혀 밑으로 한두 방울 흘려 주고 드라이기로 열심히 말리면서 등을 쓸어 주었다. 10여 분쯤 지나자 호흡이 안정적으로 돌아왔다. 다행이다. 살았다. 이제 다음 새끼가 나오기까지 시간이 좀 있다. 주인과 이야기를 시작했다.

"시집을 언제 보냈는데요?"

"8월 중순쯤이요."

"중순쯤? 확실한 날짜는요?"

"몰라요."

"왜 몰라요? 사실대로 불어요!" (꼭 범인 취조하는 분위기)

"거기서 놓고 가라고 했어요. 3일 동안 맡겨 놓았는데, 교배시켰다고 해서 데려왔어요."

"그럼 수캐가 어떻게 생긴 녀석인지도 못 봤어요?"

"네."

이럴 수가! 가끔 이렇게 시집을 보내는 사람이 있다. 하지만 가능하면 그렇게 하지 않는 게 좋다. 배란기의 암캐는 상당히 예민하다. 임신중에는 안정된 조건이 상당히 중요한데 낯선 환경에서 3~4일, 심지어는 10일을 보내고 오는 개도 있다. 당연히 스트레스를 받는다. 비위생적인 환경에서 며칠 지내다 보면 피부병이나 기타 질병에 감염되기도 한다. 무엇보다 자기 딸 시집가는데 사위 얼굴은 봐야 하지 않겠는가? 같은 품종인지, 같은 색깔인지, 크기와 생김새는 마음에 드는지.

　어쨌든 한 마리는 무사히 분만을 했다. 배를 만져 봤다. 한 마리가 더 있다. 그런데 이 녀석의 크기도 만만치 않다. 엑스레이 검사를 하기로 했다. 새끼의 크기, 위치, 어미의 골반과 태아의 크기를 비교해서 자연분만 가능성 여부를 어느 정도 예측할 수 있기 때문이다. 검사 결과 새끼가 커서 자연분만하기가 힘들어 보였지만 좀 기다리기로 했다.

　한 시간 정도 기다렸다. 진통은 하는데 새끼는 나오지 않았다. 초음파 검사를 했다. 새끼의 심장이 약해졌다. 선택의 여지가 없었다. 바로 수술에 들어갔다. 수술은 무사히 마쳤다. 이번에는 어미를 닮았는지 검정색 강아지가 나왔다.

　왜 검정색 어미에게서 하얀 개와 까만 개가 나왔을까?

너희 개 잡종이지?

| 2000 | 10 | 25 |

"우리 개는 ○○ 혈통을 가진 ○○○원짜리 개예요. 호호호."
"그 개는 무슨 종류예요? 어머, 잡종인가 봐요. 호호호."
"그 개는 왜 그렇게 커요? 그 개 품종 중에 그렇게 큰 개도 있어요? 돼지 같다. 우리 개는 작은데."

병원에 오는 고객이나 애견인 오프라인 모임 참석자 중에는 이런 사람이 꼭 있다. 이건 뭐 비싼 옷, 좋은 차, 큰 집을 가진 사람들이 자기 과시용으로 자랑하듯 동물을 과시용으로 키우는 것 같다. 자기 개 자랑을 하려고 다른 개들의 흠을(사실 흠이랄 것도 없는) 잡아 사람을 상당히 기분 나쁘게 만든다.

동물을 키우는 사람들에게는 누가 뭐래도 자기와 함께 사는 애완동물이 가장 사랑스럽고 귀하다. 그 개가 순종이든 잡종이든, 비싸든 싸든, 잘생겼든 못생겼든 그건 문제가 되지 않는다.

고객들 중에는 이런 말을 하는 사람들도 있다. 대개는 길에서 산 잡종 개를 데리고 오는 손님들이다.

"아니 뭘 치료비가 그렇게 비싸요? 개는 3만 원 주고 샀는데. 배보다 배꼽이 더 크겠다. 그냥 잡종들에게 주는 싼 약으로 해 줘요."

호흡기 감염으로 치료를 받은 코커 스패니얼 '똥'이.

순종의 비싼 개를 위한 약이 따로 있고 잡종의 싼 개를 위한 약이 따로 있다? 어떻게 그런 생각을 하는 걸까? 비싼 개가 걸리는 병이랑 싼 개가 걸리는 병이 다르다고 생각하는 걸까? 엑스레이 촬영할 때 비싼 개는 금테가 둘러진 엑스레이 필름을 쓰고 싼 개는 그냥 필름을 쓰는 걸까? 이런 사람에게는 이렇게 말해 주곤 한다.

"순종이니 잡종이니 따지면서 개를 차별하는 것은 혼혈이라고 차별하는 인종차별주의자와 마찬가지다. 백인이든 황인종이든 흑인이든 혼혈이든 사람은 그냥 사람이다. 개도 마찬가지다. 순종이든 잡종이든 병원에 온 개는 아파서 치료가 필요한 동등한 개일 뿐이다."

인터넷에 애완동물 관련 사이트가 엄청나게 많이 생겼다. 다양한 정보를 제공하고 좋은 상품을 싸게 공급하는 것은 물론 환영할 만한 일이다. 하지만 그 중에는 동물과 동물을 사랑하는 이들의 정서를 전혀 모른 채 경제적인 이유에서만 일을 시작하는 업체들도 많다. 겉으로는 모두들 동물을 사랑하는 진정한 애견 문화 어쩌고 하지만.

애완동물 산업은 확실히 비전 있는 21세기 유망 사업 분야 중 하나다. 한마디로 돈이 되는 사업이라는 말이다. 그래서 그런지 사업을 같이 하자며 찾아오는 사람들이 가끔 있다. 그때마다 나는 동물을 키워 본 적이 있는지 묻곤 하는데, 그러면 십중팔구는 "아니요, 전혀."라고 대답한다.

동물을 키우는 사람을 대상으로 사업을 하려는 사람들이 동물을 사랑하는 사람들의 정서를 전혀 알지 못한 채, 알려고도 하지 않은 채 그저 '돈 된다' 싶어서 일을 시작한다면 성공할 수 있을까? 나는 그런 사람들에게는 믿음이 가지 않는다.

좀 알고 다닙시다!

| 2001 | 01 | 10 |

 아픈 동물을 데리고 병원에 올 때는 그 동물에 대해 잘 알고 와야 한다. 예를 들어 설명해 보겠다. 보호자와 아픈 개가 내원한다. 진료 테이블에 같이 앉는다. 이때까지는 분위기가 좋다. 진료를 시작한다.
 "어떻게 오셨어요?"
 설사를 한다거나 구토를 한다거나 등의 가장 중요한 증상 정도는 얘기한다. 그럼 다음 질문.
 "예방접종은 했어요? 몇 번이나 했어요? 언제부터 이런 증상이 보였어요? 밥은 잘 먹어요? 몇 번이나 그랬어요?"
 주인이라면 당연히 알고 있어야 하는 사항에 대해 질문한다. 진료에 참고해야 하니까. 그런데 아무것도 모르는 사람들이 의외로 많다. 이때부터 분위기가 험해진다.
 '설마 그걸 모르겠어?' 하겠지만 진짜로 그렇다. 참 난감하다. 데려온 보호자(개 주인이 아닌 경우도 종종 있다.)도 모르지, 개는 말을 안 하지, 치료는 해야 하는데 예방접종 수첩은 당연히 없다.
 물론 노련한 수의사는 이런 정보 없이도 진료할 수 있다. 하지만 사전 정보가 있느냐 없느냐에 따라 진료의 질에 차이가 있다. 동물이 아파서

미니핀 '다롱'이. 동물을 키울 때는 자신이 키우는 동물의 상태를 잘 알고 있어야 한다.

병원에 갈 때는 그 동물에 대한 정보를 최대한 많이 알고 있어야 한다. 만약 보호자가 가지 못하는 경우라면 동행하는 사람에게 동물의 상태를 자세히 알려 줘야 한다. 그게 힘들다면 수의사와 통화라도 꼭 하는 것이 좋다.

한 가지 더! 이런 고객들도 있다.

예방접종을 하기 전에 오늘은 무슨 접종을 하는 건지, 그게 어떤 병을 예방하기 위한 건지, 그리고 언제 또 오면 되는지… 등등 한참 설명을 하는데, 말이 끝나기도 전에 대뜸 이런다.

"그냥 원장님이 알아서 해 주세요."

맥이 탁 풀린다. 오늘 무슨 접종을 했는지 정도는 알아야 하지 않나? 이런 사람들이 나중에 진료할 때 애먹이는 부류다. 심지어는 다른 병원에 가서 내가 아무 설명도 안 해 주고 주사만 놨다고 하는 경우도 있다. (순거짓말!)

병원에 갈 때는 좀 알고 갑시다!

피하고
싶은 안락사

| 2001 | 01 | 21 |

사람이나 동물이나 죽음을 피할 수는 없다. 동물병원에서도 동물의 죽음이 낯설거나 드문 일은 아니다. (그렇다고 병원에서 만날 동물이 죽는다는 뜻은 아니다. --;;)

나는 아직까지 사람의 주검을 직접 본 적은 없지만 많은 동물의 죽음을 접했다. 대학 시절 병리학실에 있을 때 돼지, 개, 닭은 물론이고 심지어는 왈라비(캥거루의 일종)까지.

동물을 사랑하는 사람들 중에는 동물 실험을 반대하는 사람이 많다. 그런 사람들은 살아 있는(살아 있지만 병든) 동물을 부검하는 것 자체를 싫어한다. 그러나 병리학실에서는 부검을 한다. 병들었거나 죽은 동물의 질병이나 폐사 원인을 밝히기 위해, 그래서 더 많은 동물을 살리기 위해.

병리학실에 있을 때만 해도 동물 부검에 대해 특별한 느낌이 없었다. 피와 포르말린 냄새, 그 표현하기 힘든 죽음의 냄새 때문에 조금은 역하기도 했지만 워낙 성격이 이상해서인지(?) 바로 적응했다. 나중엔 그 냄새를 맡으면 묘한 쾌감 같은 게 느껴지기도 했다. 인간이 원래 그런가?

미니핀 '까뭉'. 미니핀 특유의 민첩한 몸놀림을 가져서 사진 찍기가 참 힘들었다. 결국은 까뭉 보호자의 도움을 받아 어렵게 찍었다.

피하고 싶은 안락사 211

최근 갑자기 안락사 의뢰가 늘었다. 병원에 안락사를 의뢰하는 경우는 대개 너무 아파서 회생이 불가능할 때, 너무 사나워서 사람을 무는 등 해를 끼칠 때, 너무 늙고 병들어 고통을 덜어 주고 싶을 때 등이다. 고객이 안락사를 의뢰할 때는 거의 첫 번째와 세 번째 이유가 많다. 나는 아직 두 번째 이유로 안락사 처치를 한 적은 없다.

　가끔은 황당한 안락사 의뢰도 들어온다. 어떤 사람이 이사를 했는데, 새집의 인테리어와 개가 어울리지 않는다나. 그렇다고 남 주기는 싫고 해서 개를 안락사시켜 달라고 했다는 것이다. (내가 의뢰 받은 건 아니고 들은 이야기다.) 사실이 아니었기를 바란다.

　안락사 의뢰를 받으면 우선 주인과 충분히 이야기를 나눈다. 왜 안락사를 시키려고 하는지에 대해서 물어보고, 만약 주인이 알지 못하는 다른 해결 방법이 있다면 적극적으로 일러 주며 말린다. 사실 위의 세 경우가 아니라면 안락사까지 갈 일은 거의 없다. 해결책은 다 있게 마련이니까. 혹시 이 글을 읽는 분들에게 안락사를 생각할 정도의 일이 생긴다면 가까운 병원에 상담을 요청하시길.

　안락사 처치를 할 때의 느낌을 한마디로 말하기는 좀 어렵다. 꼭 손 안의 풍선에서 바람이 빠져나갈 때의 그런 느낌이랄까. 팽팽한 근육의 긴장감이 어느 순간 느슨해지면서 아무 저항도 없이 처지는 느낌. 나중에 죄 받지나 않을까 싶고, 한마디로 아주 찜찜하다.

　잘못 맞아서 뇌진탕에 걸린 개 한 마리가 어제 병원에 입원했다. 걱정이다. 어제보다는 많이 좋아졌지만 좀더 지켜봐야 한다. 안락사 운운하는 일이 생기지 않기를.

동물 용품,
이렇게도 사용한다

| 2001 | 10 | 05 |

개 사료는 당연히 개만 먹는 것인 줄 알고 있겠지만 꼭 그렇지만도 않다. 우리 병원에서는 개 사료나 간식 등을 병원 식구들이 시식하고 시식 일기까지 쓰니까.

우리 가족, 특히 아이들은 동물 용품을 실생활에 잘 이용한다. 알고 보면 쓸 만한 것들이 꽤 있다.

강아지용 머리핀, 고무줄, 빗

우리 딸아이가 어렸을 때 많이 애용했던 제품들이다. 머리를 묶거나 핀을 꽂을 때 아주 유용하다.

일단 빗으로 머리를 빗은 다음 고무줄을 준비한다. 딸아이는 머리숱은 적당한데 머리카락이 워낙 가늘어서 사람이 쓰는 고무줄로 머리를 묶으면 커서 흘러내렸는데, 강아지용 고무줄(직경 1.5센티미터)을 쓰니까 딱 맞았다. 값도 엄청 싸다. 또 조그맣고 예쁜 모양의 강아지용 머리핀을 꽂고 나가면 딴 엄마들이 어디서 샀냐고, 자기에게도 파는 곳을 알려 달라고 한다. 하지만 알려 주지는 못한다. 그거 알려 주면 남들이 우리 부부를 이상한 부모로 볼 것 같아서.

스쯔 '춘향'이. 춘향이가 애용하는 강아지 용품은 나를 비롯한 동물병원 식구들도 자주 이용한다.

강아지용 머리핀은 병원에서 일하는 여성 스태프들도 자주 애용한다.

삑삑이 인형

손에 끼우고 삑삑거리면서 놀도록 만든 강아지용 장난감인데 이게 정말 끝내준다. 개, 상어, 악어, 코끼리 등 모양도 가지가지여서 이야기를 들려주면서 삑삑거리면 집중도 최고! 나도 인기 만점 아빠가 된다. 일가친척들이 아기를 낳으면 선물용으로 주곤 했는데 정말 인기 캡이었다. 역시 개를 키우지 않는 사람들은 어디서 구했는지 물어본다. 그래도 절대 말 안 했다. 그 선물 받은 사람들이 기분 나빠하면 곤란하니까.

장난감 공, 야채, 과일

아기들이 기어 다닐 때쯤 이것들을 주고 혼자 놀게 하면 정말 좋다. 기어 다니면서 삑삑 눌러 대고 가끔 물기도 한다. 개도 가끔은 입으로 무는데 건강에는 전혀 이상이 없다.

무지개 목줄

우리 아이가 세 살 때쯤 애용했던 제품이다. 언젠가 친구 언니가 리듬 체조 경기 하는 걸 본 후 병원에 오더니 이 무지개 목줄을 가리키면서 달라는 것이다. 뭐 하나 보려고 줬더니 그걸로 리본 체조 하듯이 빙글빙글 돌리면서 가끔은 한쪽 다리도 번쩍 든다. 체조 선수 하려나? 스카치 목줄(체크무늬의 예쁜 개 목줄)도 좋아하기는 하는데, 무지개 목줄을 최고로 좋아한다.

강아지용 비스킷 류

일부러 먹이려고 했던 건 아니다. 병원 스태프들이 시식하고 남긴 비스킷을 아이들이 한 번 먹어 보더니 계속 먹는 거였다. 어찌나 맛있게 먹는지 차마 못 빼앗고 그냥 보고 있었다. 그 비스킷의 기능 중 하나가 변 냄새를 억제하는 것인데 사람에게도 효과가 있나 보다. 작은 녀석 변은 대개 내가 치우는 경우가 많은데, 그 비스킷을 먹은 날에는 변 냄새가 안 나는 듯했다.

화장실 용품

아직 애들이 기저귀를 찰 무렵의 일이다. 그날따라 기저귀 여분을 가져오지 않았는데 병원에 온 아이가 응가를 한 것이다. 그것도 겁나게 많이. 집에 갔다가 오자니 귀찮고 그렇다고 기저귀를 안 채울 수도 없는 일이었다.

그때 반짝 아이디어가 떠올랐다. 애티패드(강아지용 오줌 깔개인데 기저귀와 비슷하다.)를 쓰기로 했다. 일단 똥 기저귀는 벗기고 살균 티슈(강아지용 물 티슈)를 뽑아서 깨끗이 닦아 내고 애티패드를 꺼냈다. 길게 반으로 접고(비닐 부분이 안으로 들어가게 해서) 기저귀 대신 사용했다.

이 일로 아내한테 많이 혼났다. 애가 무슨 강아지인 줄 아냐고. 글쎄, 강아지 아닌가? 할머니가 어린 손주에게 우리 강아지, 우리 강아지 하지 않았나? 효과 만점이던데 뭐. 그래도 자주 쓸 건 못 된다. 기저귀 값보다 애티패드 한 장 값이 더 비싸니까. 자꾸 쓰면 가정 경제에 금이 갈 수 있다.

고양이 쥐 낚싯대 장난감

우리 애들이 제일 좋아하는 장난감 중 하나다. 긴 막대 끝에 줄이 달려 있고 그 줄 끝에는 쥐 모양의 인형이 달려 있다.

하루는 애들이 병원에서 이 장난감을 갖고 놀았다. 집에 보내려는데, 하필이면 여러 가지 색의 쥐 인형 중에 회색과 검정 색 쥐가 달린 것으로 가지고 간다고 떼를 쓰기에 아무 생각 없이 들려 보냈다. 아내는 양쪽에 애들 손을 잡고 아이들은 한 손에는 엄마 손, 다른 손에는 쥐 장난감을 들고 끌면서 집으로 가는데, 길 가던 아가씨들이 모두들 비명을 지르면서 도망을 갔다나.

"으악~ 쥐, 쥐다!"

"어쩜 애들이… 세상에… 끔찍해."

사람들에게 일일이 설명하기도 귀찮고 해서 아내는 그냥 묵묵히 갔단다. 그날 아이들을 데려간 게 내가 아니라서 정말 다행이라고 생각했다.

치포치포

병원 스태프들, 평소 병원을 들락거리는 손님들과 연휴를 이용해 심야 영화를 보기로 했다. 밤 12시부터 새벽 6시까지 세 편을 동시 상영한단다. 영화를 오래 봐야 하니 먹을 것 한두 가지를 준비해 오기로 했다.

극장에 집합했다. 사람들이 먹을 것을 주섬주섬 꺼냈다. 과자, 콜라. 음… 양호하네. 앗! 누군가 족발을 사 왔다. 상추랑 서비스 빈대떡이랑 새우젓까지. 그날 우리는 어두운 극장 한 구석에서 새우젓 냄새를 풍기며 족발을 먹었다. 정말 정말 맛있었다. ^__^

누군가가 내게 물었다. 뭘 가지고 왔냐고. 나는 자랑스럽게 개가 먹는 치포치포(닭고기 가슴살 말린 것) 하드 타입 90그램짜리 세 봉을 꺼냈다. 꼭 하드 타입이어야 한다. 치키치키는 소프트 타입이라 말랑말랑해서 별로 맛이 없다. 오래 씹을수록 고소한 하드 타입 치포치포가 최고다. 보통 사람들이라면 경악을 했겠지만 이 사람들이 누군가. 평소 병원에 들락거리며 치포치포의 참맛을 알고 있던 사람들이 아닌가. 모두들 얼굴 가득 미소를 띠며 만족스러워했다. 나도 기분이 참 좋았다.

극장에 갈 때, 꼭 한 번 가지고 가서 먹어 보라. 그러면 그 맛을 알 것이다. 맛도 좋고 냄새도 안 풍긴다.

| 2001 | 12 | 27 |

동물병원에도 사이비가 있을까?

동물병원에 오는 손님들 중에는 다른 병원에 다니다가 아무래도 이상해서 병원을 한번 바꿔 보려고 오는 경우도 가끔 있다. 물론 이상하다는 기준은 다분히 주관적인 것이라 전에 다니던 병원에서 설명이 부족했거나 진료 과정 중에 생긴 오해에서 비롯된 경우도 있겠지만, 때로는 너무나 황당한 이야기를 듣기도 한다. 정상적인 교육을 받은 수의사라면 생각지도 못할 그런 내용의 이야기를 하는 병원 말이다.

물론 일부 동물병원의 문제다. 또 나와 내가 운영하는 동물병원 역시 부족한 점이 많다는 것은 인정한다.

수의사의 자질이 부족한 경우

어느 업종이나 그렇지만 꼭 문제가 있는 곳이 있다. 동물병원 분야도 예외는 아니다. 수의사로서의 자질이 부족하거나 직업 윤리 의식이 없는 사람이 운영하는 동물병원이 그런 곳이다.

자질이 부족하다는 것은 수의사라는 전문적인 직업인으로서 갖춰야 할 지식과 기술적인 능력이 부족한 것을 말한다. 대학을 졸업하고 충분

알렉스와 말라뮤트 '앤디', 보양 받은 지후 건강 검진을 받으러 병원에 왔는데, 검진 결과 음문에 '이'가 감염된 상태라 치료를 받았다. 이때만 해도 조그만 강아지였는데 지금은 성인이 혼자 안을 수 없을 정도로 크게 성장했다.

한 훈련과 임상 진료 경험을 갖춘 후 개업을 해야 하는데, 솔직히 그렇지 못한 수의사들이 상당수 있다. 한마디로 몰라서 엉뚱한 진료를 하는 경우다.

직업적인 윤리 의식이 없다는 것은 알면서도 엉뚱한 진료를 하는 것을 말한다. 실력이 없는 것보다 더 나쁘다. 병원의 수익 증대와 자신의 편의를 위해 알면서도 고객에게 엉뚱한 얘기를 하니까.

이 이야기는 이 정도에서 짧게 끝내는 것이 좋겠다. 너무 자세히 쓰면 누워서 침 뱉는 꼴이 될 테니. 오래 살아야지, 애들도 있는데. ^^

동물병원에서 수의사가 아닌 사람이 진료를 하는 경우

좀 짜증 나는 경우다. 동물병원 중에는 원장이 수의사가 아닌 경우도 있다. 자본을 가진 사람이 수의사를 고용해서 그 이름을 걸고 동물병원을 개원하는 것이다. 이 경우 수의사는 진료를, 고용주는 용품 판매나 강아지 판매 등의 역할을 한다. 여기까지라면 괜찮다.

문제는 그 중 상당수의 고용주가 진료에 관여한다는 데 있다. 대개 진료 경험이 적은 수의사를 고용하는데, 애견계에 상당 기간 몸담았다는 고용주가 진료에 대해 이래라저래라 한다. 때로는 수익을 올리기 위해 과잉 진료를 종용하기도 하고, 수의사가 쉬는 날이면 본인이 가운을 입고 수의사 역할까지 한다. 그동안 어깨너머로 봐 온 대로 흉내를 내는 것이다. 서당 개도 삼 년이면 풍월을 읊는다고 하지 않던가.

이러면 자존심이 상한 수의사는 얼마 못 가 그만두게 된다. 혹시 다니는 병원의 젊은 수의사가 너무 자주 바뀌지 않는지 유심히 살펴보기를.

실제로 그런 병원들이 있다. 대개 이런 돌팔이는 위생 개념이 없고 엉

풍한 이야기를 해 대며 진료비도 비싸게 청구한다.

동물병원이 아닌 애견 센터에서 진료를 하는 경우

제일 짜증 나는 경우다. 대개 사람들은 애견 센터에서 개를 분양 받는다. 개를 구입할 때마다 거의 모든 애견 센터에서는 이렇게 말한다.

"혹시 설사나 구토를 하면 병원에 가지 말고 이리로 오세요. 병원에 가면 괜히 비싸기만 하고 이것저것 검사하고 주사해서 개만 더 아프게 만들어요. 내가 치료해 줄게요. 예방접종도 해 주고."

새로 산 강아지 건강 검진을 하려고 병원에 데려오면 수의사는 사실 그대로 말한다. 설사를 한다거나, 감기 기운이 있다거나, 피부병이 있다거나 등등. 그러면 주인은 아픈 강아지를 샀으니 애견 센터에 연락해 항의한다. 그리고 그 애견 센터에서는 병원에 항의 전화를 한다. 뭐, 내용은 말 안 해도 뻔하지.

동물병원이 아닌 곳에서 동물을 진료하는 행위는 명백한 수의료법 위반이다. 수의사라 하더라도 동물병원 개업 신고를 하지 않고 진료하면 역시 불법이다. 진료비를 받았든 안 받았든 상관없다. 경찰서에 신고하면 불법 진료를 한 사람은 처벌을 받는다. 진료 영수증이나 약 봉투 또는 접종 카드 등 증거를 확보하면 더 효과적이다. 혹시 주위에 그런 곳이 있으면 과감히 신고하기를 바란다. 동물병원 간판을 걸어 놓고 수의사가 아닌 자가 진료하는 곳도 신고해야 한다.

내가 수의사라서, 수의사의 이익을 위해서 이런 말을 하는 것이 아니다. 수의사가 아닌 사람이 당신의 사랑스러운 반려동물에게 자기가 뭘

하는지도 모르면서 주사를 놓는다고, 또 당신이 아파서 병원에 갔는데 병원 사무장이 진료를 한다고 생각해 보라. 끔찍하지 않은가? 당신의 반려동물뿐 아니라 그곳에 가는 다른 많은 동물들이 수의학적 지식이라곤 전혀 없는 사람으로부터 부적절한 진료를 받고 그 비싼 비용을 지불한다고 생각하면.

수의사라고 해서 모든 병을 치료할 수 있는 것도 아니고 꼭 실력이 뛰어나다고 할 수는 없다. 하지만 적어도 수의사가 되기 위해 6년이나 공부를 하고 또 임상의 길에 들어선 후에도 나름대로 꾸준히 공부를 한다.

실제로 많은 곳에서 무자격자가 불법 진료를 하고 있다. 이런 일이 가능한 이유는 많은 사람들이 동물병원과 애견 센터를 구별하지 못하는 데 있다. 수의사가 애견 센터 사장처럼 보이고 애견 센터 사장은 수의사처럼 보이는 걸까? 아니면 그런 개념이 없는 걸까? 또 피해를 본 사람들도 그냥 넘어간다. 꼭 강아지가 치료를 받거나 분양 받은 후 죽거나 해야만 문제를 삼는다. 그러나 이제는 불법 진료 자체를 문제시해야 한다.

유쾌한 수의사의
동물병원 24시

4장

모든 생명의 가치는 동일하다

2002년 1월 ~ 2002년 12월

도대체
✻ 왜 그걸 먹었니?

| 2002 | 02 | 08 |

개는 참 이상하다. 뭐든지 먹는다. 원래 개가 잡식성이기는 하지만 그렇다 쳐도 뭐든지 너무 잘 먹는다. 사료, 간식, 사람들이 먹는 모든 음식은 물론이고 '설마 이걸 먹을까.' 생각조차 못한 것까지 잘 먹는다. 살구 씨, 복숭아 씨, 바늘, 낚싯바늘, 스타킹, 이어폰, 동전, 이쑤시개, 테니스 공, 구슬, 나뭇조각, 종이 뭉치, 반지, 갈비뼈, 산삼, 녹용 등등. 어쨌든 뭐든지 먹는다. 그게 맛있어서 먹는 건지, 심심해서 먹는 건지, 어쩌다가 먹게 되는지는 모르겠지만. 아마 맛있어서 먹는 건 아닐 거다.

개가 이런 이물을 먹게 되면 보통은 구토를 하거나 식욕을 잃고 배가 아파한다. (간혹 아무 증상이 없는 경우도 있다.) 지금까지 많은 개가 이런 이물을 먹어 병원에 왔고, 그때마다 나는 토하게도 하고 수술을 해서 꺼내 주기도 했다. 더러는 아무 이상 없이 변으로 나와 그나마 다행인 경우도 있었다.

그 중 가장 특이한 것을 먹은 개가 생각난다. 어느 날 전화가 왔다.
"예. 동물병원입니다."
"저기요… 저기요…." (어떤 여자분의 기어들어 가는 목소리)
"네, 저 여기 있습니다. 말씀하세요."

"저기요… 저기요…."

계속 '저기요'만 반복하면서 이야기를 안 한다. 한참 동안의 침묵. 전화를 끊지도 않고 답답해서 미치는 줄 알았다. 장장 30분 정도의 침묵. 그동안 별 생각이 다 들었다. 대체 동물병원에 전화를 해서 이렇게 말을 못하는 이유가 뭘까?

드디어 본론을 말한다.

"저기요… 개가 뭘 먹었는데 괜찮을까요?"

"뭘 먹었는데요?"

"그게… 그게… 콘돔을 먹었어요."

엥? 콘돔을 먹었다고? 이런, 허허…. 이럴 때는 뭐라고 해야 하나? 최대한의 정보가 필요했다.

다시 물었다.

"사용하기 전의 것이요? 아님 사용한 후의 것이요?"

"사용한 후의 것이요."

내가 전화한 사람을 곤란하게 하려는 의도로, 혹은 변태적인 취미가 있어서 꼬치꼬치 물은 건 아니다. 먹은 콘돔의 상태를 알아야 그 콘돔이 어떤 문제를 일으킬지 예상할 수 있기 때문이다. 다행히 콘돔이 변으로 배설돼서 별다른 문제 없이 상황이 종료되었다.

이렇게 개는 생각지도 못했던 것들까지 먹는다. 때문에 개를 기르는 집이라면 개의 입이 닿는 곳은 청소를 잘 해 두는 것이 좋다.

그런데 그 개는 왜 콘돔을 먹었을까?

수의사는
귀신이에요?

대개 수의사들은 4~6년(1998년부터 수의학과 학제가 4년제에서 6년제로 바뀌었다.)의 정규 대학 교육을 마치고 수년의 임상 경험을 거친 후 개업을 한다. 여기서 수년은 정해진 기간이 아니다. 짧게는 6개월, 길게는 7~8년 정도 다른 병원에서 근무하다가 개업을 한다.

개업을 하기까지의 기간은 당사자의 의지에 달려 있다. 공부를 열심히 하고 단기간에라도 충분한 임상 경험을 쌓아 자신이 있으면 빨리 개업을 할 수도 있고, 개업에 자신이 없거나 자금 사정 등이 여의치 않으면 좀 늦어지는 경우도 있다.

요즈음은 개업하기까지 준비하는 기간이 좀 길어지는 경향이 있다. 이유야 여러 가지이겠지만, 예전에 비해 진료 수준이 높아졌고 또 고객이 원하는 수의사의 수준도 높아졌기 때문이 아닌가 싶다. 게다가 요즈음은 개업 비용도 이만저만 드는 게 아니다. 갈수록 병원이 대형화되어 자연히 개업에 필요한 의료 장비들도 많아졌기 때문이다.

개업한 수의사는 원장이 된다. 우리나라 동물병원의 특성상 원장이란 자리는 수의사의 역할과 경영자의 역할을 모두 떠맡는다. 동물 진료에도 신경을 써야 하고, 같이 일하는 스태프의 교육이나 병원 운영 전반을

'라푼젤'이라는 이름의 터키쉬 앙고라 종 고양이. 부드럽고 새하얀 털, 맑고 깊은 두 눈을 가진 정말 우아한 고양이.

꼼꼼히 챙겨야 한다. 손님의 취향도 맞춰 주어야 하고, 또 경쟁업체들과의 관계에도 신경을 써야 한다. 요즘에는 행정적인 문제, 엑스레이 폐기물 및 병원성 폐기물 처리 문제, 인체용 의약품 관리 문제 등 신경 써야 할 게 더 많아졌다. 물론 모두 다 필요한 일이고 원칙대로 해야 하는 것이지만 솔직히 좀 복잡하다. 진료 외의 업무를 담당할 직원이 있으면 좋겠지만 인건비가 만만치 않아 따로 사람을 두기도 버거운 실정이다.

학교에서 배운 수의학 지식은 기본적인 임상에 도움이 된다. 그런데 임상이라는 것은 묘하게도 경력이 쌓일수록 어려워진다. 내 경우 수의사 경력 2년차일 때는 진료에 엄청 자신이 있었다. 모든 병을 다 아는 듯한 착각에 빠질 정도였다. 그런데 웬걸, 갈수록 모르는 것이 더 많아진다. 경력이 쌓일수록 아는 것이 많아지고 실력이 향상돼야 하는데….

나만 그런 것은 아니었나 보다. 그래서 부족한 부분을 채우기 위해 수의사들은 크고 작은 모임을 만들어 세미나를 한다. 엑스레이, 내과, 혈액학, 외과 등 자신이 부족하다고 생각하는 과목의 소그룹에 참가하여 열심히 공부하는 것이다. 그룹은 각 대학 동문들이나 같은 지역 개업 수의사 등 여러 형태로 결성된다. 나는 엑스레이, 내과, 안과에 대한 세미나에 참여하는데, 한 달에 4~5회 정도 열린다. 아마 대부분의 수의사들이 이 정도는 하고 있으리라.

문제는 시간이다. 수의사의 근무 시간은 상당히 길다. 보통 아침 9시에 병원 문을 열고 밤 9시에 닫는다. 일요일에도 여는 병원도 있다. 그럼 세미나는 언제 할까? 당연히 밤에 한다. 보통 밤 9시부터 12시까지. 때로는 새벽 4~5시까지 하기도 한다. 평균 일주일에 한 번 정도다. 밤에 세미나를 한다는 건 보통 피곤한 일이 아니다. 낮에 일했으니 밤에는

쉬어야 하는데 공부를 하려니 죽을 맛이다. 밤에 놀기는 쉬운데.^^

딱딱한 의자에 앉아 한 시간 강의 듣고 10분 쉬는 시스템으로 세미나 한 번에 보통 4시간 정도씩은 한다. 당연히 피곤하고 집중력도 떨어질 수밖에 없다. 공부가 별로 재미있는 일은 아니잖은가? 그래도 열심히 공부해야 진료 수준도 높아져 동물을 더 잘 치료할 수 있고 자신감도 더 생기니 열심히 한다. 솔직히 말하면, 그래야만 경쟁에서 살아남을 수 있고 수입도 더 생긴다.^^

열심히 공부하면 확실히 효과가 있다. 눈이 떠진다고나 할까? '사람은 아는 만큼 보인다.'고 했던가. 같은 엑스레이 사진을 보고도 문제가 보이는 사람이 있고 안 보이는 사람도 있다. 공부하기 전에는 보이지 않던 것이 이제는 보이는 것이다. 그 맛에 공부를 하는 거다.

한 달에 한 번 우리 병원에서 엑스레이 세미나를 하는 그룹이 있다. 한창 세미나에 열중하고 있던 어느 날 새벽 1시경, 전화가 왔다.

"네, 동물병원입니다." (조용하게)

"아직 병원에 계세요?" (병원 단골 손님이었다.)

"네. 수의사들이 모여서 엑스레이 세미나 하는 중이거든요."

"몇 시에 끝나세요?"

"4시쯤 끝날 것 같은데요."

"수의사들은 귀신들이에요? 왜 한밤중에 모여서 세미나를 해요?"

"……"

약 할 거니까
✤ 안 돼요?

| 2002 | 05 | 14 |

어떤 아주머니 손님이 강아지 미용을 맡기러 왔다. 잡종 강아지이고, 나이는 한 살 정도, 몸무게는 5킬로그램. 여느 때와 마찬가지로 미용 후 건강 상태를 체크했다. 전체적으로 건강한 편이나 뒷발 첫 번째 발가락에 염증이 있었다. 발톱이 자라면서 동그랗게 말려 피부를 뚫은 것이다. 발가락 제거 수술과 치료를 권했다. 그 아주머니는 이렇게 말했다.

"약 할 거니까 그냥 둘래요."

나와 미용사 언니, 아르바이트생 모두 영문을 몰랐다.

"제가 보기엔 그리 약해 보이지 않는데요. 어디 아픈가요?"

"아니요. 아저씨 약 할 거라고요."

"저도 건강한데요?"

도대체 무슨 소린가? 약 1분 간 대화를 하면서 나, 아주머니, 미용사, 아르바이트생, 이 네 사람 사이에는 뭔가 숨막히는 긴장감이 감돌았다. 서로의 말을 이해하지 못하는 상황에서 주고받는 어색한 눈빛들. 나, 미용사, 아르바이트생, 이렇게 세 사람은 아주머니의 눈길을 피해 열심히 눈빛을 교환했다. '뭔 소린지 알겠어?' 하는 뜻의 은밀한 눈빛을.

그런데 어느 순간 정리가 됐다. 아주머니는 "약 할 거니까 안 돼요."라고 말한 것이었고, 우리는 "약하니까 안 돼요."로 들은 거였다.

  그렇다. 몸이 약한 남편의 건강을 위해 아주머니는 강아지를 구입했던 것이다. 겨울과 봄 동안 잘 먹이고 살찌워 다가오는 여름에, 유난히 더운 날을 골라 아저씨의 건강을 위해 '개를 잡아 드시겠다.'는 이야기였다.

  아주머니가 개를 대하는 걸 보면 전혀 그럴 분위기가 아니었다. 예쁘게 미용도 시키고, 옷도 사 주고, 안고 다니고. (아니, 약 할 걸 왜 그렇게?) 겉으로 보기에는 강아지를 사랑하는 지극히 정상적인(?) 손님으로 보였던 것이다.

  나도 한국 사람이고 우리나라의 보신 문화를 인정하지 않는 건 아니지만, 키워서 정붙인 개를 약으로 쓴다니….

  혹시 이렇게 생각하고 있는 것은 아닐까? '개를 너무 사랑해서 내 몸의 일부로 만들고 싶어서 잡아먹는다.'고.

어이, 명랑아~
이리로 와야지

| 2002 | 06 | 17 |

우리 병원에는 상주하는 개가 두 마리 있다. 명랑이와 꽃님이.

이름도 명랑한 명랑이는 대학 동기가 운영하는 동물병원에서 낳은 강아지를 내가 만든 동물병원 프로그램과 맞바꿔서 우리 병원으로 데려온 개다. 데려올 때는 색도 짙고 참 귀엽고 예쁜 녀석이었는데, 지금은 나이가 들어서 색도 많이 바래고 내 눈치만 본다. 불쌍한 녀석. 다른 주인들처럼 많이 예뻐하지도 못했다.

명랑이도 처음에는 나를 많이 좋아했다. 무릎에 앉아서 잠도 자고 나만 졸졸 따라다니던 시절이 있었다. 그러다 두 번쯤 나한테 예방접종 주사를 맞더니 다음부터는 슬슬 날 피하기 시작했다.

언젠가 강아지 달리기 대회가 있었다. 우리의 재빠른 명랑이도 물론 참석했다. 준비~ 땅! 명랑이가 속한 조의 다섯 마리 개가 달리기 시작했다. 우리의 명랑이, 쏜살같이 뛴다! 와아, 1등이다! 그런데 그렇게 잘 달리던 녀석이 도착선 1미터 앞에서 갑자기 엎드리는 거다. 도착선에 서 있는 나를 본 것이다. (강아지 달리기 대회라는 것이 그렇다. 주인이 아닌 사람이 출발선에서 체급이 비슷한 강아지들을 잡고 있다가 출발 신호에 맞춰 놓는다. 그럼 강아지들은 도착선에 있는 주인을 향해 뛰는 것이다. 가장 빨리

내가 기르고 있는 맹랑한 '명랑'이. 명랑이는 생후 50일경에 친구가 하는 동물병원에서 분양 받아 왔다. 머리가 좋은 푸들인지라 얼마나 똑똑한지 사람의 말을 다 알아듣는다. 우리 병원에 내원하는 강아지들에게 일일이 간섭하고 다니는 터줏대감이다.

들어오는 강아지가 당연히 1등이다.)

나도 꼴에 주인이라고 도착선에서 열심히 명랑이를 불렀다. 그런데 명랑이는 올 생각을 안 하는 거다. 결국 꼴찌를 했다.

그 모습을 본 사람들은 나름대로 갖가지 추측을 했다. 명랑이가 저런 건 틀림없이 원장님이 명랑이를 학대해서 그럴 거야, 겉으로는 안 그런 척하면서 사실은 동물을 학대하는 사람이야, 안 그러면 명랑이가 저럴 수는 없지…. 뭐, 이런 이야기까지 돌았다.

나에게 죄가 있다면 아프지 말라고 예방접종 하고, 가끔 아프면 주사 놔 주고 치료한 죄밖에 없다. 나도 나름대로 착한 사람이다.

그렇다. 병원에 오는 개들은 나를 별로 좋아하지 않는다. 만날 주사기로 찌르고, 피 뽑고, 귀 뒤집고, 눈 뒤집고, 똥꼬에다 뭔가 찔러서 아프게 하고, 가끔은 이상한 주사 놔서 정신 몽롱하게 만드는데 좋아할 리가 없다. 나라도 누가 나한테 그러면 싫겠다.

이건 비밀인데 난 아파도 병원에 거의 안 간다. 병원 가는 게 무섭다, 주사 맞을까 봐. 만날 주사를 찌르는 사람이 자기가 찔리는 것은 무서워한다. 당연하지. 내가 찌를 때는 난 안 아프니까. ^^

내가 생각해도 난 좀 못됐다.

꽃님아,
✽ 만날 피만 빼서 미안하다

|2002|06|18|

꽃님이는 암컷 골든 리트리버. 성격이 온순하고 머리도 좋다. 사람의 말귀도 어찌 그리 잘 알아듣는지. 명랑이와 마찬가지로 날 별로 좋아하지 않는다. 이유는 같다.

다음부터는 내가 기르는 개는 다른 병원에서 예방접종 할까 보다. 어찌 된 녀석들이 주인을 싫어하니…. 내가 무슨 문제가 있는 걸까?

명랑이만 기르다가 꽃님이를 기르자니 장난이 아니다. 일단 먹는 양이 엄청나다. 어찌나 많이 먹는지. 소변량 역시 장난 아니다. 화장지 두세 마디쯤이면 치울 수 있는 명랑이의 소변과는 비교가 안 된다. 화장지로는 불가능하고 일단 신문지를 덮어 어느 정도 흡수를 시킨 다음 겁나게 많은 양의 화장지로 마무리해야 한다. 꽃님이가 오줌을 싸면 재빨리 치워야 한다. 그렇지 않으면 냄새도 냄새려니와 소변이 강처럼 흘러 책장 밑에까지 흘러들어가 책장까지 다 들어내고 닦아야 한다.

손님들 중에는 마당이 아닌 가정집의 방에서 골든 리트리버를 기르는 분들이 간혹 있는데, 존경스럽다. ^^ 물론 산책할 때만 용변을 보도록 훈련을 시켰겠지만. (그래도 가끔은 집 안에서 싸기도 하겠지?)

하지만 우리의 대견한 꽃님이는 일도 한다. 꽃님이의 첫 번째 일은 헌

병원에서 기르고 있는 골든 리트리버 '꽃님'이와 내 아들. 꽃님이는 아이들과도 잘 논다. 아들 종서가 꽃님이에게 뭔가 진지하게 설명하고 있다. 꽃님이는 지금 마당이 넓은 집에서 행복하게 살고 있다.

혈이다. 가끔 입원한 개가 빈혈이 심하거나 수술을 할 때 급하게 혈액을 보충해야 하는 경우가 생긴다. 사람 같으면 헌혈을 통해 모아 둔 피를 쓰겠지만, 동물병원에서는 그때그때 건강한 개에게서 직접 채혈한다. 우리 병원에서는 꽃님이가 그 역할을 한다. 보통 입원하는 개의 체중이 3~4킬로그램 정도인데 꽃님이의 몸무게는 25킬로그램 정도나 되다 보니, 꽃님이의 작은 희생이 아픈 강아지들에게 큰 힘이 될 수 있다.

한번은 꽃님이에게 이렇게 말했다.

"꽃님아! 내가 잘 해 주지도 못하면서 만날 피만 빼서 참 미안하구나."

꽃님이는 아무 말도 안 했다. --;;

꽃님이는 애도 잘 본다. 사진을 보라. 웬 남자 아이가 꽃님이에게 종이 오리기에 대해 진지하게 설명하고 있고 꽃님이는 열심히 경청하고 있다. 남자 아이는 내 아들이다.

그런데 사진을 찍고 난 뒤의 이야기를 하자면 별로 아름답지 못하다. 꽃님이가 큰 발로 꼬마 머리를 툭! 아이는 뒤로 넘어져 막 울어 대면서 "난 꽃님이가 싫어, 잉잉." 했단다.

개의 혈액형과 수혈

사람과 마찬가지로 개도 혈액형이 있다. 개의 혈액형은 혈청학적인 분류상 여덟 가지로 나뉜다. 동물병원에서 치료하는 과정에서 수혈이 필요한 경우가 있는데, 혈액형이 같든 다르든 간에 교차 반응 검사에서 문제가 없다면 다른 개의 혈액 투여를 받아도 무방하다. 교차 반응 검사란 공혈견과 수혈견의 혈액이 섞였을 때 응집 반응이 일어나는지 검사하는 것을 말한다.

동물병원마다
✿ 치료비가 다른 이유

| 2002 | 06 | 20 |

가끔 이런 질문을 받는다.

"뭣 좀 물어볼게요."

"물어보세요." (안 아프게 ^^)

"거기는 ○○○ 수술비가 얼마인가요?"

이거 아주 곤란하고 어려운 질문이다. 수술비가, 진료비가 얼마일지 솔직히 나도 잘 모른다.

'아니, 수의사가 진료비를 모르면 누가 알아?' 하겠지만 진짜로 모른다. 전화로 치료비나 수술비에 대해 물어보면 참 난감하다. 임상은 맞춤 서비스이지 정형화된 서비스가 아니기 때문이다. 다시 말하자면, 병원이나 수의사마다 진료하는 스타일이 다르다는 것이다.

간단한 예를 들어 보자. 설사를 하는 강아지가 있다고 하자. 대개의 진료 과정은 이렇다.

문진

전문 용어로는 history taking이라고 한다. 나이, 성별, 사료의 종류와 양, 먹는 시간, 요즈음 특이하게 먹은 것은 없나, 평소에 개가 뭘 잘 주

닥스훈트 종 '차돌'이. 차돌이와 차돌이 보호자는 우리 병원에서 아주 먼 곳에 살고 있다. 그래도 멀리서 힘들게 일부러 찾아와 주니 항상 고맙다.

워 먹나, 설사는 얼마나 자주 하나, 양은 어떤가, 냄새나 색깔은 어떤가, 혈액이 섞여 있나, 음식은 먹는가, 구토를 하는가, 예방접종은 했는가, 구충제는 먹이는가, 새로 데려온 강아지라면 어디서 데려왔는가, 혹시 집에 손님들이 왔다 갔는가, 개를 괴롭히는 사람들이 있는가, 전에도 무슨 질병을 앓은 적이 있는가…. (손가락 아프니까 그만 쓰련다.)

이 외에도 형사가 범인 취조하듯 많은 것을 물어봐야 한다. 개는 말을 못하니 당연히 주인이 알려 주어야 한다. 가끔은 이렇게 많은 질문에 단 하나도 제대로 된 대답을 못하는 고객도 많다.

문진은 상당히 중요하다. 문진을 잘하는 수의사가 유능한 수의사가 아닌가 싶다. 아주 능력 있는 수의사라면 몇 마디만 물어보고 끝낼 수도 있겠지만, 난 별로 유능하지 못해 엄청 물어본다. 하지만 주의하라! 많이 물어보는 수의사보다 안 물어보는 수의사가 더 수상하니까.

대개는 문진 과정에서 체온을 잰다.

시진, 촉진, 청진, 냄새 맡기

문진이 끝나면 이곳저곳을 만져 보고, 눈으로 샅샅이 훑어 살펴보는 등의 과정을 거친다. 이 과정에서는 입 안을 보기도 하고, 눈을 뒤집어 보기도 하고, 귓속을 보기도 하고, 항문 주위를 보거나 냄새를 맡기도 하고, 피부와 털을 살펴보기도 한다. 배도 만져 보고, 폐와 심장의 소리도 듣는다. 팔다리의 움직임이나 전체적인 영양 상태 등도 함께 본다.

검사하기

위의 두 단계가 끝나면 검사 단계에 들어간다. 별 문제가 아닌 경우에는 간단하게 한두 가지만 검사하거나 아예 검사를 하지 않는 경우도 있지만, 어쨌든 위의 두 단계를 종합하여 수의사는 무슨 검사를 할 것인지 결정한다.

최근 이 검사 단계가 많이 발전했다. 단순한 변 검사에서부터 엑스레이 검사, 초음파 검사, 혈액 검사, 파보 바이러스 검사 등.

무슨 검사를 하느냐에 따라 비용이 달라진다. 무슨 검사를 할 것인지는 수의사의 판단에 따라 다르다. 물론 무슨 검사를 왜 하는지, 필요한 비용은 얼마인지 고객에게 충분히 설명한다. (지금 얘기하는 과정은 우리 병원의 경우이다. 병원에 따라 약간 다를 수 있다. 감안하고 읽어 주길 바란다.) 경우에 따라서는 한두 가지 검사 후에 또 다른 검사를 할 수도 있다. 어떻게 될지는 그야말로 케이스 바이 케이스(case by case)이다.

판단하기

검사 결과가 나오면 모든 자료를 토대로 '도대체 무슨 문제가 있는 것인지'를 판단해야 한다. 이때 수의사의 수의학 전문 지식과 그동안의 경험이 총동원된다. 때에 따라 쉽고 명쾌하게 답을 얻을 수도 있고, 어떤 경우에는 도대체 감이 잡히지 않을 때도 있다.

치료하기

이제 치료를 해야 한다. 간단하게 주사하고 먹는 약 주고 끝나는 경우도 있고, 입원 치료를 하거나 기타 필요한 치료를 할 수도 있다.

자, 이제 병원비에 대해 본격적으로 이야기해 보자. 진료 과정을 글로 쓰니 이렇게 간단(?)하지만, 실제 임상에서는 정말로 다양한 경우의 수가 나타난다. 그렇기에 문진에서부터 치료까지의 과정을 밟는 동안 소모되는 비용은 '어떤 병원에서, 어떤 수의사가, 어떤 증상의 동물을 대하느냐.'에 따라 다를 수밖에 없다.

가끔 어느 병원은 비싸고 어느 병원은 싸다고 하면서 불만을 표하는 분들이 있다. 그러나 절대적인 비교 기준이라는 것 자체가 없다. 이런 말을 해도 될지 모르겠지만, 병원마다 치료비가 같다면 불법이다. 현행 법상 담합 행위라고 한다나? 만약 내가 주위의 동물병원 원장님과 식사라도 하면서 "우리 이번에 ○○ 수술비를 두 배로 올릴까요?", 이러면 쇠고랑 찬다는 것이다.

이런 까닭에 진료비나 치료비는 수의사의 기술적인 실력과 양심, 그리고 고객의 사정에 따라 다를 수밖에 없다. 물론 키우는 동물이 아프면 돈이 많이 드는 건 안다. 나도 수의사지만 가끔은 '내가 수의사가 아니었다면 나같이 가난한 사람은 애완동물도 못 키우겠다.'는 생각이 들기도 하니까.

그러나 이제 정말 단순히 '병원비가 싼가 비싼가.' 하는 것을 기준으로 수의사의 양심과 실력을 평가하지 않았으면 하는 소망이 있다.

아, 왠지 우울한 날이다.

자두 씨
제거 작전

| 2002 | 07 | 05 |

아침 7시 30분. 휴대폰으로 문자 메시지가 들어왔다. (요즈음에는 문자 메시지로 연락이 오는 경우가 종종 있는데, 어지간하면 전화로 하는 게 좋다. 급한 상황일 때는 더욱 그렇다. 다행히 나는 잠귀가 밝아서 문자 날아온 소리도 듣지만, 못 듣는 경우도 있다. 문자 메시지 받고 상담 내용을 문자로 보내려면 정말 힘들다. 글자도 많이 못 넣고 문자 주고받는 시간도 걸리고 해서 자세히, 민첩하게 물어보기가 힘들다. 급할 때는 전화로 해 달라. 나한테 전화해 달라고 하지 말고. 전화비 많이 나온다. ^^)

'우리 찌니가 자두 씨를 삼켰어요. 어떻게 해요?'

'전화 주세요.'

전화가 왔다. 내가 했나? 잠결이라 정신이 없어서 기억이….

상황은 이랬다. 아침에 자두를 먹었단다, 주인이. 물론 개는 안 주고 주인만 맛나게 먹고 있었단다. 아마 찌니는 주인 발 아래에서 '나는 안 주나.' 하며 열심히 째려보고 있었을 것이다, 헥헥거리면서. 안 봐도 뻔하다. 드디어 과육을 다 먹고 씨를 버리려다 손이 미끄러져 바닥에 씨가 떨어졌는데, 이때다 싶은 찌니가 홀라당 씨를 먹어 버린 것이다.

자두 씨를 먹었을 때 대처 방법은 개의 크기에 따라 좀 다르다.

체중 5킬로그램 내외의 작은 개의 경우 자두 씨는 위 속에 있을 가능성이 높다. 소장의 굵기가 보통 1센티미터도 안 되니 여간해서는 씨가 위에서 장으로 넘어가지 않는다. 찌니는 3킬로그램 정도의 페키니즈다. 찌니가 먹은 자두 씨의 크기는 1.5cm×1cm×7mm 정도였단다.

위에 있는 씨는 당분간은 아무런 문제를 일으키지 않을 수도 있다. 그러나 일단 위에 있는 씨는 어떻게든 제거를 해야 한다.

지난번에는 요크셔테리어가 씨를 먹었는데, 한 달 만에 장으로 넘어가다 막혀서 수술을 한 적이 있다. 씨가 영원히 위 속에 남아 있으면서 개가 하늘나라로 갈 때까지 조용히 있어 줄 수도 있지만, 언젠가 장으로 넘어가면 요크셔테리어처럼 수술을 해야 할 수도 있다.

씨를 제거하는 방법은 세 가지다. 토하게 하거나, 수술을 해서 꺼내거나, 그냥 기다리면서 씨가 무사히 장으로 넘어가 변으로 나오기를 바라거나 혹은 장으로 넘어가다 장에서 막히면 수술하는 것. 어떤 방법을 선택할지는 상황에 따라 수의사와 주인이 의논해 결정한다.

찌니의 경우는 첫 번째 방법을 택하기로 했다. 엑스레이 검사 결과 아침에 먹은 자두 씨가 아직 위에 남아 있다고 판단했기 때문이다. 개를 토하게 하려면 액체를 먹여야 한다. 무슨 액체를 먹여야 하는지 묻지 말기를. 무모한 성향의 애견인들이 함부로 아무 때나 사용할 수 있으니까. (무모한 성향의 애견인이란 병원에서 하는 치료나 여러 가지 지식들을 어깨너머로 배워서 비슷한 상황이 닥치면 그 방법을 이용하여 자가 치료를 하는 성향의 사람들을 말한다. 이는 상당히 위험한 시도다. 다행히 맞는 선택이었다면 한두 번쯤 성공할 수도 있겠지만 아닌 경우가 더 많다. 섣부른 의학 지식과 자가 치료는 소중한 애견의 생명을 위협할 수 있다.)

어쨌든 이 액체를 먹고 20분 정도 지나면 '꾸웩꾸웩' 하면서 위 안의 음식물을 다 토한다. 찌니도 역시 토했다. 물론 자두 씨도 나왔고.^^

상황 끝이다. 찌니 언니와 다른 손님들도 내 일처럼 기뻐했다. 찌니 언니, 그날 피자 한 판 쐈다.

7킬로그램이 넘는 큰 개가 자두 씨 같은 것을 삼켰다면 좀 기다려 보라. 구토나 식욕 저하, 복통 등의 증상이 없으면 기다리는 것이 약이다. 개가 변을 볼 때마다 열심히 변을 뒤적거려 씨가 나왔나 보면 된다. 대개는 변으로 나온다.

개도
✺성형 수술을 할까?

| 2002 | 07 | 10 |

난 수술하는 것을 참 좋아한다. 물론 무턱대고 수술만을 선호하는 것은 아니다. 수술은 주인에게는 심리적·경제적 부담을 주고, 동물에게는 신체적인 부담과 상처를 남기게 된다. 그래서 내과적인 방법이나 다른 해결 방법이 있으면 당연히 그 방법을 우선으로 하고, 수술이 유일한 해결책일 경우에만 수술을 한다.

수술에는 여러 가지가 있다. 제왕 절개 수술, 슬개골 탈구 수술, 대퇴골두 절단 수술, 골절 수술, 피부 성형 수술, 단미(꼬리 자르기), 단이(귀를 세우기 위해 귀 끝을 자르는 것) 등등.

수술 방법은 똑같지만 어떤 사람이 하느냐에 따라 결과는 좀 다르다. 요즈음은 잘 안 하지만 슈나우저 등의 귀를 자르는 수술은 특히 그렇다. 수술 후 절개한 피부 면을 봉합하는데, 역시 수술자의 성격과 꼼꼼함에 따라 상처가 아문 후의 흔적은 상당한 차이가 있다. 슈나우저나 기타 단이를 하는 개의 경우 자른 귀의 모습에 따라 견물(?)이 확 달라진다. 귀를 자르는 수술은 성형 수술이기 때문이다. 성형 수술은 수술자의 미적 감각에 따라 결과가 달라질 수밖에 없다. 단이 수술을 잘못하면 개 주인이 귀를 볼 때마다 수술한 사람을 계속 원망하는 일이 생긴다.

나는 특공대 의무병으로 군 생활을 했다. 군대에서는 이런저런 사고가 많이 난다. 운동 하다 다치는 놈들, 작전 중에 다치는 놈들, 혼자 다치는 놈들….

의무대에는 매일 다친 놈들이 넘친다. 부상자가 오면 치료를 하는데, 그 치료라는 것이 상처를 꿰매는 경우가 대부분이다. 물론 꿰매는 일은 군의관이 하는데, 군의관은 전공 과목이 다 다르다. 정신과, 안과, 성형외과, 일반 외과 등. 재미있는 것은 군의관의 전공 과목에 따라 꿰매는 스타일도 너무나 다르다는 거다. 정형외과나 일반 외과 전공 군의관은 큰 바늘과 굵은 실로 듬성듬성 팍팍 꿰맨다. 이렇게 꿰매면 나중에 흉터가 크게 남는다. 성형외과나 안과 전공 군의관들은 작은 바늘과 작은 실로 최대한 상처가 안 나게 꿰맨다. 엄청 섬세하다. 예술이다! 나중에 아주 작은 흔적만 남는다.

동물병원도 마찬가지다. 누가 어떤 바늘과 어떤 봉합사로 어떻게 봉합하느냐에 따라 흉터가 많이 남을 수도 있고 거의 없을 수도 있다. 다시 말해 수의사의 예술적인 감각(?)에 따라 작품의 완성도가 달라지는 것이다.

언젠가 스ㅉ 풀잎이를 성형 수술 한 일이 생각난다. 풀잎이는 목에서 허리까지 네 군데 정도에 광범위하게 3도 화상을 입었다. 그런데 화상 모양이 좀 독특했다. 왜 화상을 입었는지 물었더니, 사연인즉 이랬다.

친구 부부가 기르던 개였는데, 여자는 개를 엄청 좋아하고 남자는 개를 엄청 싫어했단다. 어느 날 남자가 개를 불렀는데, 평소에 남자의 폭력을 겪었던 개가 벽과 가구 사이의 틈으로 숨었단다. 화가 난 이 남자, 마침 가스레인지 위에서 끓고 있던 주전자를 가져와 그 틈으로 뜨거운

물을 부었다나. 등에 난 화상 상처 모양이 왜 그런지 이해가 됐다. 이를 보다 못한 아가씨가 "너희들은 강아지를 키울 자격이 없다!!"면서 강아지를 데리고 왔단다.

  화상을 입어 괴사된 피부는 재생이 불가능하다. 그 부위를 도려내고 피부를 당겨서 봉합하기로 했다. 다행히 개의 피부는 신축력이 강해서 수술만 잘하면 나중에 털이 나서 크게 보기 흉하지는 않을 것 같았다.

  먼저 혈액 검사를 했다. 전신 마취를 하는데다 수술 시간이 상당히 소요될 것이므로 마취해도 문제가 없을지 검사한 것이다. 다행히 검사 결과 큰 문제는 없었다. 마취 방법은 마취의 안전성과 수술 시간을 고려해 흡입 마취로 결정했다. 흡입 마취를 하면 깊은 마취가 가능하고, 오랜 시간 수술 후에도 마취에서 빨리 깨어날 수 있기 때문이다.

  수술에 들어갔다. 상처 부위의 피부를 도려낸 후 도려내고 난 경계 면의 피부를 살살 당겨 봉합했다. 여기서 중요한 것은 어떤 모양으로 자르고 어떤 모양으로 봉합할 것인가 하는 점이다. 넓은 부위를 꿰맬 때는 피부가 쭈글쭈글 울 수가 있으므로 주의해야 하고, 무엇보다 상처를 최소화하도록 해야 한다. 풀잎이의 수술은 성공적이었다.

  수의사가 수술을 할 때에는 기술적인 능력도 중요하지만 예술적인 감각도 중요하다. 가끔 수술하다가 속으로 이렇게 외치면서 흐뭇해 한다.

  "이건 예술이야!"

우리 동네
치킨 가게 착한 아저씨

| 2002 | 08 | 01 |

두 달 전쯤의 일이었다. 작은 체구에 좀 마른 아저씨(아저씨라고는 하지만 서른 살이 채 안 되어 보였다.)가 모자를 쓰고 BBQ 마크가 새겨진 앞치마를 두르고 병원 문을 들어섰다. 품에 약간 지저분한 강아지를 안고서.

치킨 배달을 하다가 길에서 집 없는 개를 발견했는데, 가만히 보니 다리를 절룩거리며 아스팔트 바닥에 피를 조금씩 흘리고 있더란다. 마음씨 착한 이 아저씨, 차마 그냥 가지 못하고 그 개를 오토바이에 태워 우리 병원에 온 것이다.

피 흘리는 다리를 살폈다. 털이 너무 길고 지저분해서 발끝 부분(발바닥과 발 부위)의 털을 깨끗이 깎고 유심히 관찰했다. 무엇이 문제인가? 이 강아지에게 무슨 일이 일어났을까?

수의사가 갖추어야 할 기본적인 조건 중 하나가 관찰력이다. 수의사의 직업적인 특성상 치료의 대상인 동물은 말을 하지 못하기 때문이다. 혹시 '두리틀 선생'처럼 동물의 말을 알아듣는 신기한 능력이 있다면 모를까. 만약 두리틀 박사가 이 강아지를 진찰한다면 아마 이렇겠지.

"친구, 어디가 불편하신가?"

"하이, 두리틀. 오랜만일세. 사실 내가 집 나온 지 좀 됐거든. 그래서

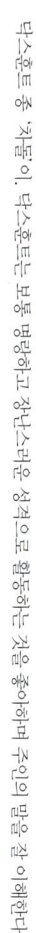

닥스훈트 중 '치플'이. 닥스훈트는 보통 명랑하고 장난스러운 성격으로 활동하는 것을 좋아하며 주인의 말을 잘 이해한다.

우리 동네 치킨 가게 착한 아저씨

바람을 벗 삼아, 하늘을 이불 삼아, 돌을 베개 삼아 팔도를 떠돌다 보니 좀 다쳤네. 여기 왼쪽 발가락이 부러진 것 같아. 한 일주일 됐네. 다행히 오늘 마음씨 착한 아저씨를 만나 이렇게 병원에 오게 됐네 그려."

그러나 현실은 다르다. 동물들은 인간의 언어를 구사하지 못한다. 따라서 수의사는 동물의 전신 상태를 아주 세밀하게, 철저히 살펴보는 게 중요하다. 딱 보면 무슨 문제인지 알 수 있는 경우도 있지만, 대부분은 집중해서 관찰하지 않으면 놓칠 수 있는 문제들이 더 많기 때문이다.

이 강아지는 우측 후지(오른쪽 뒷다리)의 2번과 3번 발가락이 골절되어 피부 밖으로 뼈가 나와 있었다. 다행히 사고가 발생한 지 하루 정도밖에 안 되어 염증이 심하지는 않았다.

육안으로 확인된 골절 외에 다른 문제가 더 있을지 모르니 엑스레이 촬영을 했다. 다행히 다른 골절이나 탈구 등의 문제는 없었다.

수술을 하기로 했다. 골절 상태로 보아 정상적인 골절 유합(뼈가 붙는 것)을 기대할 수 없어 골절된 부분의 발가락을 잘라 내기로 결정했다. 털 깎기, 소독, 마취, 잘라 내기, 봉합, 드레싱 과정을 거쳐 수술을 끝냈다.

그런데 치료비가 문제였다. 마음 같아서는 무료로 해 주고 싶지만 마음만 그럴 뿐이고….

어쨌든 상당히 많이 깎아 줬다. 그래도 치료비가 꽤 나왔다. 그 아저씨 입장에서는 뜻밖의 비용을 지출하게 된 셈이다. 괜히 집 없는 개를 병원에 데리고 가서 돈 많이 들었다고 아내에게 구박깨나 받은 모양이다. 다음날 병원비 가지고 오면서 그런 이야기를 살짝 비추더라. 아저씨나 나나 아내에게 잡혀 사니 참 안됐다, 하며 동병상련의 정을 나눴다.

아저씨는 '고맙다, 내일 치료 받으러 오겠다.'고 하며 문을 나섰다. 나름대로 흐뭇한 하루를 마감했다.

아 그런데, 다음날에도 그 다음날에도 아저씨가 안 온다. 치료를 받아야 하는데. 전화를 했다. 그런데 그 개가 없단다. 어떤 할아버지가 오더니 자기 개라며 데려갔다는 것이다. 여러 정황 증거로 보아 그 할아버지 개가 맞기에 돌려줬다고 한다.

"치료비는 받았어요?"

"아니요." ㅠ.ㅠ

그날 이후 병원 저녁 간식은 가급적이면 닭으로 하고, 꼭 그 집에 전화를 건다. 이제 다섯 번 정도만 더 먹으면 그날 아저씨가 지불한 병원비만큼 닭을 시킨 셈이 된다.

혹시 그 BBQ 치킨 아저씨를 보고 싶은 사람이 있다면 병원에 놀러와 치킨 한 번 쏴 주길.

머키아 이야기

| 2002 | 08 | 03 |

지난 주 토요일 밤. 유난히 덥고 손님도 별로 없어 평소보다 좀 이른 밤 9시경에 병원 문을 닫고 집으로 돌아가는 길이었다. 휴대폰으로 전화가 왔다.

"길에서 개를 한 마리 주웠는데 다리가 부러진 것 같아요. 지금 병원 하나요?"

"오세요."

오지 말라고 할 수는 없는 일 아닌가? 마음 같아서는 토요일 오후 5시부터 월요일 오전 9시 정도까지는 동물도 아프지 않고 나도 쉬었으면 좋겠다. 가능하면 빨간 날도 그러면 좋겠고. 주 5일 근무하면 그 이상 원이 없겠다.

다시 병원으로 자전거 핸들을 돌렸다. 약속한 시간이 되어 2층 진료실에 있는데, 아무도 안 온다. 이거 바람맞는 거 아냐, 하는데 웬 외국인 여자분이 미니핀을 안고서 씨익 웃으며 눈인사를 한다. 음~ 외국인이라, 오늘 영어가 나 만나 고생 좀 하겠군….

"Hi! Come in."

"Thank you."

이제 뭐라고 하나? 듣는 건 좀 되는데 말하는 게 잘 안 된다, 내가. 그래도 외국인 손님이 오면 물어볼 거 다 물어보고 치료할 것 다 하고 치료비 다 받는다. 그럼 되지 뭐. 자기들은 우리말 하나도 못하는데, 내가 더 낫지. 어쨌든 2개 국어 하잖아. 어쩔 수 없다, 손짓 발짓까지 하지 뭐, 하며 마음먹는데 어떤 남자분이 불쑥 들어왔다. 한국 사람이다!^^

사연인즉 이랬다. 집 앞에 개가 있었다. 옆집 개였다. 그래서 개를 안고 그 집에 사는 꼬마에게 물었다.

"이 강아지가 너희 강아지 아니니?"

"우리 강아진데, 어제 버렸는데요?"

"왜?"

"다리도 못 쓰고 키우기 싫다고 엄마가 버리랬어요."

참, 할 말이 없다.

머키아를 살폈다. 좌측 후지를 전혀 딛지 못했고, 그 상황이 얼마나 오래됐는지 좌측 후지 근육이 상당히 말라 있었다. 다리 두께 차이가 거의 두 배 이상 되었다. 아픈 다리를 들고만 다니고 딛지 않아서 근육이 위축된 것이다. 내가 보기로는 한 달 이상 지난 듯싶었다. 다리를 차근차근 만져 보니 골반 쪽에 문제가 있는 것 같았다.

어쨌든 착한 사람들 눈에 띄어 병원까지는 오게 되었지만, 문제는 이 두 사람은 강아지를 키울 상황이 아니라는 것이었다. 이야기를 나눠 보니 '유니버셜 발레 컴퍼니'라는 곳에서 발레를 하는 분들이란다. 검사비와 수술비, 치료비가 상당히 나왔다. 난처해 하는 눈치. 어쩌겠나, 두 사람이 좋은 일 하는데 나도 도와야지. 거의 반값으로 깎아 주었다. 이제 얼굴이 좀 펴지네. ^^(나는 어지간해서는 진료비를 잘 안 깎아 준다. 하지만 이런 경우에는 안 깎아 줄 수가 없다. 아마 나뿐만 아니라 대부분의 수의사들이 다 그럴 거다. 그렇다고 아픈 강아지 데려와서 주운 강아지라고 깎아 달라고 하면 안 된다! 경험 많은 수의사들은 딱 보면 안다, 거짓말인지 아닌지.)

오늘이 부러진 대퇴골두(골반과 연결되는 대퇴골의 동그란 부위)를 수술한 지 일주일째 되는 날이다. 이제 위축된 다리도 많이 굵어지고 조금씩 딛기도 한다. 다행이다. 완전히 좋아지기까지는 두 달쯤 걸리리라. 부디 예상대로 좋아지길.

복수는
✽아줌마의 것

| 2002 | 08 | 23 |

"삐리리리~~~."

새벽 6시경, 전화가 왔다. (다른 사람에게는 아침 6시일지 모르지만 나한테는 새벽 6시다. 밤늦게까지 일하니까.) 스쯔가 새끼를 낳으려고 하니 좀 나와 달란다. 어젯밤 7시부터 진통을 했다는데, 좀 빨리 연락할 것이지.

어쨌든 병원으로 달려갔다. 난산이었다. 초음파 검사 결과 새끼들의 심장 상태는 양호했지만, 엑스레이 검사를 해 보니 첫 번째 새끼가 골반에 거꾸로 딱 걸려 있었다.

"수술해야 합니다."

"수술비는 얼마죠?"

"○○○원입니다."

"제가 다녔던 병원에서는 ○○○원에 해 줬는데요. 우리가 개를 많이 키워서 만날 거기 가서 수술도 하고 그랬어요."

"그건 그 병원에서 여러 번 수술을 받고 하셨으니 그렇게 해 드린 거겠죠. 우리 병원은 처음이시잖아요. 우리 병원에서도 그렇게 해 달라고 하시면 안 되죠." ('그럼 거기서 하세요.'라는 말이 목 밑까지 올라왔지만 참았다.)

포메라니안 '아톰'. 강아지들이 병원에 처음 내원하는 시기는 대개 아톰과 같은 생후 50일령 전후다. 1차 예방접종을 위해 병원에 오는데, 표정이 하나같이 사진의 아톰과 같다. 세상 나들이가 신기하기도 하고 두렵기도 한 모양이다.

"그래도 좀 깎아 주세요."

한참 동안 실랑이를 했다. 진료비로 손님이랑 실랑이하는 건 정말 싫다. 병원비는 병원마다, 혹은 상황에 따라 다를 수밖에 없다. 병원에서는 합당한 청구 내역을 고객에게 제시하고, 고객은 그 내역에 동의하면 지불하는 것이다. 어쨌든 합의(?)를 했다.

수술에 들어갔다. 세 마리의 건강한 새끼가 태어났다. 수술은 깨끗하게 끝나고 마취도 잘 깨고 아가들도 어미도 모두 건강했다. 그런데 이 아주머니, 자꾸 신경을 긁는다.

"에이, 수술까지 하고 돈도 많이 들었는데 애들 생긴 게 왜 이 모양이야."

"그래도 난산이었는데 어미랑 새끼랑 모두 건강하면 됐죠 뭐."

"수술비도 많이 나왔는데 이렇게 생겨서 얼마나 받겠어? 수술비도 안 나오겠다."

"……."

이럴 때는 그냥 아무 말 안 하는 게 낫다. 모든 처치가 끝나고 돌아갈 시간이 됐다.

"오늘은 이것밖에 없으니 내일 나머지 드릴게요."

아주머니는 수술비의 3분의 2 정도만 주고 간다.

다음날은 치료 받으러 안 오고 그 다음날 왔다.

"에이, 왜 그렇게 수술비를 비싸게 받아? 요 앞 병원에서는 ○○○원이면 한다던데. 사람이 그러면 돼? ○○○원만 받아."

이런, 또 수술비 이야기.

"낮에 하는 수술이랑 새벽이나 한밤중에 하는 수술은 비용이 다릅니다. 심야 시간에는 택시도 할증이 붙는데, 이제 와서 자꾸 그러면 어떻게 합니까? 그때 이야기해서 적정한 선으로 합의해 놓고 이제 와서 또 딴소리하면 어떡해요? 나 이런 식으론 일 안 합니다."

아, 쓰다 보니 또 흥분되네. 이러면 안 되는데. 솔직히 이런 손님들 만나면 진짜 수의사 하기 싫어진다. 일이라는 것이 자신이 열심히 해서 그만큼 좋은 결과를 얻고 보람을 느끼며 또 그만큼의 보수를 받는 것이라고 생각한다. 돈 때문에 이런 실랑이를 벌여야 한다는 것이 정말 싫다. 솔직히 그날 내 목소리가 좀 커졌다. 인턴 시절, 손님에게는 절대 얼굴을 붉히지 말아야 한다던 선배의 충고를 잊어버린 채.

사흘 후엔가 아주머니가 왔다. 주기로 한 치료비의 일부만 들고서. 치료를 집에서 했으니 치료비로 책정됐던 일부의 돈을 제하고 가져왔단다. 처음 약속보다 4분의 1이 부족한 금액. 치료비를 내면서 이 아주머니 하는 말.

"내가 이 동네에서 가게를 하는데, 개 키우는 아주머니들이 많이들 놀러 와요. 원래는 이 앞 병원을 다녔는데 별로 맘에 들지 않아 이 병원으로 온 거예요. (뭐가 어쩌고저쩌고, 다른 병원 험담을 하면서) 동네 친한 아주머니들한테 다 그 병원 가지 말라고 해서 이 앞 병원은 이제 다들 안 가요."

그러면서 나를 딱 째려보는 거다. 에고~ 무서워라. 난 그날 그 아주머니가 왜 나한테 이런 소리를 하는지 몰랐다. 별로 신경 쓰지 않고 들어서. 나중에 미용사 언니가 하는 말, 그게 '아줌마의 복수'였단다. 째려보는 눈초리는 '나한테 잘못 보이면 재미없을 줄 알아!'라는 뜻이었던 것이다. 나는 그런 팝박에는 무심한 편이다. 그 후로도 특별히 복수의 기운은 느낀 적이 없다. (내가 신경을 안 써서 그런가?)

동물병원마다 나름대로 특징이 있다. 병원 원장의 성격, 진료 방식, 경영 방침, 병원이 위치한 동네 분위기에 따라 다르다. 요즘처럼 동네마다 한두 개 이상씩 동물병원이 있는 상황이라면 자신의 취향에 맞는 병원을 골라서 가면 된다. 이런 과정을 거쳐서 궁합(?)이 잘 맞는 손님과 병원 스태프들이 묘한 하모니를 이루어 병원만의 독특한 성격이 만들어지는 것이다.

병원을 운영하다 보면 고객들의 다양한 요구를 듣게 된다. 진료비가 너무 비싸요, 병원을 찾기가 너무 힘들어요, 선생님이 너무 무서워요, 병원을 이렇게 자주 와야 되나요, 병원을 좀 확장하세요, 24시간 진료는 왜 안 해요 등등.

이러한 요구를 모두 받아들이는 건 불가능하다. 물론 고쳐야 할 점은 빨리 고쳐야겠지만, 현실적인 문제가 걸림돌이 되는 경우에는 쉽게 고칠 수가 없다. 때문에 마음에 들지 않으면 손님은 곧 자신의 취향에 맞는 곳으로 옮겨 가는 것이다.

병원 개업 초기에는 모든 사람들의 요구에 맞추려고 신경도 많이 썼는데, 그것이 불가능하다는 결론을 얻은 후부터는 나는 내 식대로 한다.

그냥 닦으세요!

| 2002 | 10 | 05 |

"선생님, 우리 개는 일 년 된 수컷인데요, 고추에서 고름이 흐르는 것 같아요, 흑흑. 어떻게 해요?"

"닦으세요."

"네~에…."

허무 개그의 변형처럼 보이겠지만 모 병원에서 일어났던 상담 실화다. 절대 수 동물병원이라고는 말 못한다. ^^

그게 무슨 상담이냐고 할지 모르겠지만, 원래 수캐들은 약간의 포피염이 있다. 다시 말해 정상적인 놈도 고추에서 약간씩은 고름이 흐른다는 거다. 심하면 간단한 소독 정도만 해 주면 된다. 그러나 암컷의 경우라면 빨리 병원에 가는 것이 좋다. 심각한 비뇨기계의 문제이거나 산과 질환일 수도 있으니까.

치료는 누가 하는가?

| 2002 | 10 | 06 |

'아픈 동물은 누가 치료하는 걸까?'

아마 대부분의 사람들은 수의사라고 대답할 것이다. 아픈 동물을 동물병원에 데려가면 수의사들이 검사하고 주사하고 수술하고.

내 생각은 좀 다르다. 수의사만 치료를 하는 것이라고는 생각하지 않는다. 뭔 소리냐고? 수의사가 치료를 하지 않으면 누가 치료를 하냐고? 내 말은 아픈 동물의 효과적인 치료를 위해서는 '수의사의 치료 노력'과 함께 보호자의 의지와 동물의 협조도 필요하다는 뜻이다.

동물을 치료하기 위해 수의사가 노력해야 한다는 건 두말할 필요도 없다. 자신이 담당한 동물의 질병 치료를 위해 열심히 공부하고, 진단 치료 장비 등을 준비하고, 동물의 상태를 수시로 점검해야 한다. 그래서 지금도 많은 수의사들이 진료를 마친 후 자신의 부족한 부분을 보충하기 위해 밤을 새우면서 세미나를 하고, 새로운 진단 치료 장비도 구입하고 있다. 능력 있고 적극적이고 부지런한 수의사일수록 효과적인 치료를 할 수 있는 것이다.

보호자의 의지도 중요하다. 동물은 스스로 병원에 오지 못한다. 보호자가 동물의 상태가 평소와 다르다는 것을 일찍 감지하고 병원에 데려와야 한다. 때로는 많은 검사가 필요하거나, 고가의 수술을 해야 하거나, 수술 및 치료 후에도 완치 확률이 낮을 수도 있다. 이때 보호자의 의지가 중요한 것이다.

사람에 따라서는 치료를 포기하기도 한다. 치료비 때문일 수도 있고, 치료 기간이 길어짐에 따라 생기는 여러 가지 힘든 일 때문이기도 할 것이다. 얼마 전까지만 해도 치료 비용이 많이 들면 안락사를 요구하는 보호자들이 많았다. 수의사의 입장에서 보면 충분히 회복 가능성이 있는데도 경제적인 문제 때문에 치료를 포기할 때는 참 안타깝다. 물론 경제적인 문제가 중요하지 않은 것은 아니지만.

수의사의 능력과 동물 보호자의 의지 중 어떤 것이 더 우선일까?

보호자들은 말한다.

"우리나라 동물병원은 시설도 장비도 별로이고, 수의사들도 어쩐지 못 미더워. 외국 동물병원 홈페이지를 보면 우리나라 동물병원에서는 안락사 하라는 병들도 잘만 고치더라 뭐."

수의사들은 말한다.

"우리나라에서 외국 병원처럼 시설을 갖추면 망하는 것은 시간 문제다. 그 장비 구입하고 운영하려면 얼마나 돈이 많이 드는데. 우리나라에 그런 병원이 생기면 몇 사람이나 이용하겠어?"

간단히 말하면 위와 같은 상황이다. 수의사의 실력과 보호자의 의지 중 뭐가 우선하는 건지 굳이 가릴 것이 없다는 뜻이다. 수의사는 열심히 공부하고, 보호자는 애완동물 치료에 더 강한 의지를 보여 주는 게 중요한 것이다.

동물의 협조도 중요하다. 동물을 치료하다 보면 정말 별별 성격의 동물들을 만나게 된다. 동물도 사람처럼 성격이 제각기 다르다. 치료를 얌전하게 잘 받는 녀석, 치료할 때마다 전쟁을 치르게 하는 녀석, 예민해서 하루 종일 소리지르는 녀석, 주인과 떨어져 있으면 밥도 안 먹고 우울해 하는 녀석, 틈만 나면 탈출하려고 시도하는 녀석 등등.

치료가 잘 되는 녀석들은 낙천적이고 치료에 적극 협조하는 녀석들이다. 주사도 잘 맞고 약도 잘 먹으니 빨리 낫는 게 당연하지 않는가? 약 먹이면 토하고, 소독하는데 핥거나 물고, 안정을 취해야 하는데 병원이 떠나가라 고래고래 소리지르며(고래도 아니면서^^) 치료에 협조를 안 하면 아무래도 경과가 안 좋다.

그럼 이 세 가지 중에서 제일 중요한 것은 무엇이냐고 묻는다면, 난 주저하지 않고 '보호자의 의지'라고 말하고 싶다. 정말 의지가 강한 보호자들은 수의사가 불가능하다고 생각하는 나쁜 상황도 이겨 내는 경우가 종종 있다. 정말 대단하다.

이 보호자들이 보여 주는 강한 의지는 어디에서 오는 걸까? 그건 바로 '사랑하는 마음'이 있는 까닭이다.

건강하다는 것은

| 2002 | 10 | 22 |

강아지의 이름은 '깜동'. 푸들, 암컷, 2개월령. 분양 받은 지 3일. 몸을 자꾸 긁어서 내원했다.

검사 결과 귀가 '말라세치아' 라는 곰팡이에 감염되어 있었고, 개선충 증도 걸려 있었다. 다른 증상은 없었다. 말 그대로 잘 먹고 잘 싸고 잘 놀고, 문제가 될 것이 없었다. 청진 시 심장 소리도 좋았고.

별 문제는 없었지만 새로 데려온 강아지라 건강 검진 차원에서 혈액 검사를 했다. 빈혈 증상이 있지만 문제가 될 정도는 아니었다. 그런데 심장에 이상이 있는 것 같았다. 혹시나 해서 심장 엑스레이 사진을 찍었다.

앗, 어찌 된 까닭인지 닫혀 있어야 할 횡격막이 뚫려 있고 그 뚫린 구멍(?)으로 간과 장의 일부가 흉강으로 들어가 있었다. '선천성 횡격막 허니아' 였다. 흉강에는 심장과 폐 이외에 절대 다른 게 있으면 안 된다. 그런데 복강에 있어야 할 간과 장이 흉강에 들어가 있는 것이다. 세상에, 이런 일이! (여기서 나의 나쁜 습관이 나타난다. 이런 보기 드문 경우를 보면 얼마나 흥분되는지. 주인 입장에서는 무지 속상할 거다. 의사라는 자가 아픈 강아지와 속상한 보호자의 마음도 이해 못하고 흥분하다니, 정말 못된 인간이다. 그래도, 뭐 좋게 생각해 주길 바란다. 학구적이라거나, 뭐 또 좋은 해석들

있잖은가. 질병에 대한 전의가 상승해서 흥분하는 것이지, 강아지의 고통과 주인의 마음을 이해 못하는 것은 아니니까.)

하지만 너무 속단해서는 안 된다. 한 가지 검사만으로 질병을 단언하는 것은 위험하다. 다른 검사 방법을 최대한 동원해야 한다. 모든 검사 결과를 종합해서 질병에 접근해야 오진을 막을 수 있는 것이다.

이번에는 위장관 조영 검사를 했다. '바X'라는 액체를 먹인다. 그러면 그 액체가 통과하는 위와 장의 모양이 아주 뚜렷하게 하얗게 보인다. 역시 결과는 같다.

깜동이는 이런 심각한 문제가 있음에도 불구하고 겉보기에는 아주 멀쩡했다.

동물은 말을 하지 못한다. 어디가 좀 불편하더라도 외적인 증상으로 나타나지 않으면 주인이 알기 힘들다. 하지만 주인이 알 정도로 증상이 나타나는 경우에는 이미 심각한 상태에 이른 경우가 대부분이다.

건강하다는 것은 외적으로나 내적으로나 모두 건강하다는 뜻이다. 비록 외형적으로는 건강해 보이더라도 속의 건강 상태를 체크해 줄 필요가 있다는 말이다.

주인과 상의를 한 끝에 건강진단서를 첨부하여 깜동이를 사 온 곳(모 애견 센터)으로 돌려보냈다. 그런데 거기에서 한 말이 참 걸작이다.

"겉으론 아무 문제 없잖아요!"

이것이 우리나라의 애견 분양 문화의 현실이다.

사기 분양, 속지 맙시다!

| 2002 | 10 | 26 |

20대 초반의 젊은 아가씨 둘이 병원으로 들어왔다. 포메라니안 한 마리를 안고.

"이 강아지 피부 좀 봐 주세요?"

"나이가 어떻게 돼요?"

"두 살이래요. 사실은 방금 분양 받았어요. 정말 두 살 맞아요?"

개의 나이를 가늠하는 것은 쉽지 않다. 성장 과정과 주인의 관리 정도에 따라 상당히 다른 외형을 가질 수 있기 때문이다. 일단 이를 봤다. 앞니가 하나도 없고 또 엄청난 치석까지 있었다. 내 경험으로 보기에는 이 정도 상태라면 아무리 적게 잡아도 5~6세는 되어 보였다. 그리고 배에는 수술을 했던 자국이 있다. 위치로 보아 제왕 절개 수술을 했던 것 같다. 그리고 전신의 털이 많이 빠져 있고 심하게 긁는다. 개선충 감염인 것 같다. 약 한 달 전에 걸린 걸로 예상됐다.

"피부병이 심하고 나이는 약 5~6세 정도 된 것 같네요."

"네에?"

"왜요?"

이 아가씨들은 부산에 사는 사람들이었는데 일주일에 한 번 정도 서

터키쉬 앙고라 종 고양이 '라푼젤'. 고양이는 몸이 워낙 유연하고 민첩하므로 치료를 할 때는 주의가 필요하다. 아무리 착한 고양이라 하더라도 일단 화가 나면 무섭나.

사기 분양, 속지 맙시다!

울에 온단다. 인터넷을 통해 강아지를 한 마리 분양 받기로 했는데 그 날이 오늘이었고, 강아지를 분양해 주기로 한 남자가 우리 병원 앞으로 오라고 했단다. 왜 하필이면 우리 병원인지. 그래서 그 아가씨들은 우리 병원에서 분양하는 줄로 알았다는 거다. 강아지를 데리고 온 사람은 30대 초반의 남자로 주차 관계상 병원 근처에 있는 고가 도로 옆으로 오라고 했단다. 거기는 약간 어둡다.

"나이는 두 살이고 아주 건강해요. 개가 스트레스를 받으니까 빨리 가방에 넣고 부산에 도착할 때까지 꺼내지 마세요."

"앞이 병원이니까 가서 예방접종이라도 하죠?"

"내가 다 했으니까 그럴 필요 없어요. 병원 가면 돈만 많이 들어요."

그 아저씨는 분양비 20만 원을 받고는 뒤도 안 돌아보고 차를 타고 급히 떠났고, 이 아가씨들은 목줄이 필요해서 병원에 왔는데 미용사 언니가 아무래도 피부가 이상하니 한번 보이라고 해서 2층으로 올라와 진료를 받게 된 것이다.

속은 걸 안 아가씨, 열심히 그 사람에게 전화를 하지만 받을 리가 없다. 의도적으로 속인 게 뻔한데 뭐. 그 아가씨들은 난감해 하고 나는 보기 갑갑하고…. 요즘 성견이나 고양이의 사기 분양이 많다. 가끔 홈페이지 게시판에 이런 글들이 올라온다.

제목 : 강아지나 고양이 그냥 주실 분

저는 강아지를 너무너무 좋아해요. 그런데 학생이라 돈이 없어요. 정말 정말 예쁘게 잘 키울 테니 강아지나 고양이 주세요. 품종은 상관없어요. 제 이메일은 ○○○입니다.

이런 글을 올리는 사람들의 특징은 꼭 맞춤법을 틀린다는 것이다. 홈페이지에 이런 글이 올라오면 나는 그냥 지워 버린다. 혹자는 나에게 이렇게 말한다.

"아니, 학생이 동물을 키우고 싶어서 올린 눈물겨운 호소문인데 동물병원 원장이라는 사람이 그래도 되는 겁니까?"

그런 게 아니다. 이런 사람들은 그렇게 강아지나 고양이를 받아서 다른 홈페이지에 게시해 5~8만 원을 받고 판다. 무서운 놈들. 진짜 나쁜 놈들.

강아지를 분양 받을 때는 꼭 건강 상태를 확인하고 분양 받아야 한다. 가까운 병원에 가서 기본적인 건강 상태라도 확인해야 한다.

그 아가씨들이 나가기 전에 내가 물었다.
"그런데 그 남자 어떻게 생겼어요? 나중에 혹시 보면 혼내 주게."
"선생님처럼 생겼어요."
이런….

나한테 어쩌라고…

| 2002 | 10 | 28 |

우리 병원에는 상담(문의) 전화가 많이 오는 편이다. 동물을 키우다 보면 궁금한 것이 한두 가지인가. 전화하는 건 좋다. 그러나 '깝깝하게' 물어보면 참 할 말이 없다.

장면 1.
"강아지가 토하고 설사해요. 왜 그러죠?"
"원인이 많습니다. 일단 병원으로 데려와 보세요."
"안 가면 안 돼요? 그냥 집에서 할 수 있는 방법을 알려 주세요."
"그게 그렇게 간단한 문제가 아닙니다. 전화로 그 증상이 나타나는 이유를 다 설명하는 것은 불가능합니다. 내원하셔서 진찰 받아 보세요."
"그냥 밥을 잘못 먹어 체한 것 같은데 꼭 가야 하나요?"
"……." (어쩌라고?)

왜 전화를 했는지 모르겠다. 병원을 무슨 '질병 상담 전문 무료 점집'으로 생각하는 것 같다.

장면 2.

"우리 강아지가 ○○ 질병에 걸렸어요."

"네. 그런데요."

"○○ 수술을 해야 할 것 같은데, ○○ 방법으로 수술을 하면 수술비가 어떻게 돼요?"

"물론 다른 병원에서 정확한 진단을 받으셨겠지만, 만약 저희 병원에 오시면 기본적인 확인을 해야 합니다. 그 질병이 확실한지, 수술을 해야 한다면 그 방법으로 수술을 해야 할지는 수술을 담당할 수의사의 판단에 따라 약간 다를 수도 있고…."

(말을 끊으면서) "아니, 그럴 필요 없고 그 병이 확실하니까 그 방법으로 할 경우 수술비가 얼마인지 알려 주세요."

"……." (어쩌라고?)

왜 전화를 했는지 모르겠다. 병원이 무슨 '비디오 가게'인 줄 아나. 무슨 비디오 있어요? 하면 바로 건네주는.

장면 3.

새벽 3시, 휴대폰으로 전화가 왔다.

"여보세요?" (상당히 급한 목소리)

"여보세요? 선생님, 우리 강아지가 방금 교통사고 났어요, 엉엉. 어떻게 해요?"

잠이 확 깬다.

"지금 어딘데요? 빨리 병원으로 오세요. 우리 병원 위치 아시죠?"

"여기 대구인데요."

시베리안 허스키 '리치'. 시베리안 허스키는 얼핏 보면 참 무섭게 생겼다. 하지만 얼마나 사람을 잘 따르고 순한지 모른다. 더운 날 내원한 리치는 무지 힘들었나 보다. 혀를 저렇게나 길게 내밀고 있다.

"……." (어쩌라고?)

여기는 서울이다. 얼마나 급했으면 휴대폰으로 전화를 했을까. 충분히 이해는 하지만, 어쩌라고? 내가 무슨 순간 이동이 가능한 초능력자도 아니고.

장면 4.

어제 있었던 일이다. 일요일 오후, 오랜만에 가족들과 백화점에 갔다. 아들놈이 화장실에 가고 싶다고 해서 바지 내려 주고 쉬 싸게 도와주고 있었다. (아직 어려서 뒤에서 바지를 잡아 줘야 한다. 잘못 잡으면 바지랑 팬티에 쉬가 묻는다.) 그때 전화가 왔다. 에이 참, 하필 이럴 때. 왼손으로 아들 녀석 바지 잡고 오른손으로 전화를 받는다. 일요일 오후에 휴대폰으로 전화가 왔으니 응급 상황이려니 생각하면서.

"뭐 좀 물어볼게요. 개 발가락이 몇 개예요?"

"네에?"

"앞 발가락 다섯 개, 뒤 발가락 다섯 개 맞죠? 그런데 어디서 보니까 뒤 발가락은 네 개가 정상이라는데."

"네 개가 정상입니다."

"그래요? 근데 왜 우리 개는 뒤 발가락이 다섯 개예요?"

"……." (어쩌라고?)

사실 이렇게 말하고 싶었다.

"아니, 그게 그렇게 궁금했어요? 일요일인데, 병원에 전화 안 받으니까 휴대폰으로 전화해서 물어볼 만큼?"

아니, 내가 무슨 '무엇이든 물어보세요' 인 줄 아나?

장면 5.

"여기 ○○인데요."

"……." (지역이 너무 멀어서 아무 말 못하고 있었다.)

"이 근처에 24시간 하는 병원 전화번호 좀 알려 주세요."

"……."

진짜 미치겠다. 새벽 3시에 자는 사람에게 전화해서 24시간 진료하는 병원을 알려 달라니! 급한 마음은 이해한다. 하지만 난 '응급 전화 119'도 아니고 '안내 전화 114'도 아니다.

진짜 제발~ 제발~ 그러지 좀 맙시다!

요즈음 같아서는 휴대폰도 안 가지고 다니고 싶다. (원래 휴대폰은 별로 좋아하지도 않는다. 받기만 하니까 요금도 기본 요금만 나온다.) 응급 상황일 때 전화하라고 만든 휴대폰인데….

응급 전화를 받으면 5분 내에 병원에 도착할 수 있다, 어떤 시간이든. 일명 5분 대기조. 진짜 급한 일로 새벽에 전화하면 언제라도 기쁜 마음으로(?) 나올 수 있다. 하지만 이래서는 곤란하다.

몽룡이, 아기 낳다!

| 2002 | 12 | 22 |

몽룡이는 눈빛이 초롱하고 성격도 우아한, 한마디로 멋진 고양이다. 병원에 처음 온 것은 12월 14일. 분만 진단을 받으러 왔는데, 교배 후 57일째 정도로 추정되었다.

고양이는 개와 달리 교배 날짜를 확실히 알기가 힘들다. 개는 사람이 보는 앞에서도 교배가 가능하지만, 고양이의 경우 사람 앞에서 교배하는 경우가 드물고 교배 시간 또한 아주 빨라서(약 3초) 고양이의 교배를 보기는 쉽지 않다. 개의 경우 처음 본 암캐와 수캐도 바로 현장에서 교배하는 것이 가능하지만, 고양이의 경우 같은 공간에 상당 기간(일주일 정도) 함께 있으면서 충분히 교감한 후 교배를 하기 때문에 더욱 그렇다. 그래서 합방의 기간을 고려해서 대략 교배 후 57일이라는 결론을 얻었다. (고양이의 임신 기간은 63일 정도다.)

일단 엑스레이 촬영을 했다. 임신 말기에 엑스레이 촬영을 할 때는 꼭 받는 질문이 있다.

"지금 엑스레이 사진 찍으면 태아에게 해롭지 않나요?"

그럼 이렇게 대답한다.

"네."

임신 말기(대체로 분만 5일 전후 정도)에 엑스레이 촬영을 하는 이유는 여러 가지가 있다.

첫째, 새끼가 몇 마리인지 정확히 알 수 있다. 집에서 분만을 할 때 태어날 새끼 숫자를 주인이 제대로 모른다고 치자. 분만이 지연될 때 아직 새끼가 남아 있는데 주인은 다 낳은 줄 알고 외출을 한다거나 잠을 자서 (대개 밤에 새끼를 낳으니 긴 분만 시간 때문에 주인도 지친다.) 늦게 태어난 남은 새끼를 제대로 돌보지 못해 안타까운 상황이 발생하기도 한다. 혹은 새끼가 태어나지 못하고 어미 뱃속에 남아 있다면 어미와 새끼의 생명이 둘 다 위험해지기도 한다.

둘째, 태아의 크기와 어미의 골반 크기를 비교해 자연분만이 가능한지 여부를 웬만큼 가늠할 수 있다. 만약 태아가 너무 크면 어미에게 무리가 없도록 수술을 하기도 한다.

셋째, 새끼가 머리부터 나올지 꼬리부터 나올지 어느 정도 예상할 수 있으므로 분만에 대비할 수 있다. 꼬리부터 나오면 아무래도 머리부터 나올 때보다 분만에 애를 먹는다.

몽룡이네는 분만이 시작되면 언제든지 전화하기로 약속을 하고 떠났다. 그런데 분만 예정일인 19일에도, 그 다음날에도 연락이 없었다.

일요일 밤 11시 20분, 집으로 돌아가는 차 안에서 휴대폰이 울렸다.

"선생님, 몽룡이네예요. 양수가 갑자기 터졌어요. 진통도 안 하고 밥도 잘 먹어서 오늘도 안 낳으려나 하고 있는데 갑자기…."

"병원으로 오세요."

다시 차를 돌려 병원으로 향했다. 11시 30분, 병원에 도착했다.

몽룡이의 상태를 살폈다. 진통이 시작되었고 음부에서 꼬리로 보이는 것이 들쑥날쑥하고 있었다. 엑스레이 촬영 결과 확실히 새끼는 이전보다 더 커져 있었고 발육 상태가 좋았다. 두 마리는 꼬리부터 나올 것 같고, 두 마리는 머리부터 나올 것 같았다. (암수 여부와 색깔 같은 것은 절대 모른다.)

초음파로 새끼의 상태를 확인했다. 심장 박동 상태 양호!

몽룡이는 지속적으로 강한 진통을 하는 중이었다. 양수는 터졌지만 빨리 병원에 도착했고 새끼들의 심장 상태도 아주 양호해서 자연분만이 가능하겠다 싶어 12시 30분 정도까지 기다려 보기로 했다. 그리고 만약의 사태에 대비해 언제든지 수술할 수 있도록 준비를 해 두었다.

12시 25분, 한 시간의 힘든 진통 끝에 드디어 첫 번째 새끼가 나왔다. 이 녀석은 염치없이 엉덩이부터 들이밀어서 꽤 고생했지만 다행히 건강하게 태어났다. 재빨리 탯줄을 묶고 태반을 잘라 낸 후 드라이어로 몸을 말렸다. 특히 입과 코에 차 있는 양수는 깨끗이 닦아 내야 한다.

12시 35분, 두 번째 새끼가 머리부터 나왔다. 이번에는 비교적 수월하게 말 그대로 '쑤욱' 나왔다.

12시 50분, 세 번째 새끼가 역시 머리부터 쑤욱….

1시 15분, 마지막 네 번째 새끼가 꼬리부터 나왔다. 좀 힘들기는 했지만 첫 번째 새끼보다는 훨씬 쉽게 분만을 했다.

막 태어난 강아지는 꼭 새끼 쥐 같은데, 고양이 새끼들은 금방 태어나도 고양이 같다. ^^

오늘 분만은 참 쉬운 편이었다. 빨리 끝났으니까. 지난번에는 밤 12시에 시작해서 새벽 6시에 끝난 적도 있었다.

뒷이야기

교통사고나 다른 응급 상황과는 달리 분만을 돌볼 때는 낮이든 밤이든, 혹은 새벽에 병원으로 달려와야 할 때도 언제나 기분이 좋다. 예쁜 아기가 태어나면 주인도 흐뭇하고, 엄마가 된 동물도 기쁘고, 수의사도 더불어 행복하고…. 한마디로 분위기 좋다. ^^

세 번째 새끼가 태어난 후, 몽룡이 아빠와 잠깐 바람을 쐬고 있었다.

"밤에 나와서 일하시려면 힘드시겠어요."

"그래도 오늘 밤 같은 경우엔 괜찮습니다."

"네?"

"언젠가 이런 일이 있었어요. 밤 12시부터 새벽 6시까지 20~30분 간격으로 전화를 하는 거예요. 자기 개가 새끼를 낳고 있는데 어떻게 해야 하냐고. 우리 병원에 한 번도 온 적이 없는 사람인데. 당연히 한숨도 못 잤죠. 6시쯤 다 낳은 것 같다고 전화를 하더니 그 후로 안 하더군요. 물론 나중에도 저희 병원에 한 번도 안 왔어요. 아직도 누군지 몰라요.

또 이런 일도 있었어요. 응급 분만 상황이라 밤에 병원으로 오기로 해서 자다가 병원으로 나왔는데, 아무리 기다려도 사람이 안 오는 거예요. 어찌 된 건가 답답해서 창 밖을 계속 보고 있는데 아 글쎄, 차 하나가 급히 달려오더니 바로 앞 병원으로 들어가는 거예요. 혹시나 해서 아까 걸려 온 전화번호로 전화를 했더니 방금 도착했다는 겁니다. 나 원 참. 가서 데리고 올 수도 없고. 길 건너 바로 앞에 있는 동물병원이 우리 병원보다 1층 높아서 더 잘 보이거든요. 그런 날에 비하면 뭐 오늘은." ^^

(혹시 임신과 분만에 대한 자료가 필요하면 수 동물병원 홈페이지의 자료실, 코크의 분만 일기를 보세요.)

유쾌한 수의사의
동물병원 24시

5장

수의사는 무엇으로 사는가

2003년 1월 ~ 2005년 5월

바비와의 2박 3일

| 2003 | 01 | 24 |

바비는 슈나우저다. 어렸을 때 꼭 인형처럼 예뻐서 '바비'라는 이름을 지었다고 한다. 바비는 2001년 7월 11일 단이 수술을 하려고 우리 병원에 처음 왔다. 그 후로는 예방접종 하느라 병원에 몇 번 왔을 뿐, 병이라고는 가벼운 감기나 피부병 정도밖에 없던 아주 건강한 녀석이다.

지난번 발정 때 임신을 했는데 분만 도중 새끼 한 마리는 죽고, 한 마리는 조금 미숙하게 태어났고, 한 마리는 정상이었다. 그 두 마리 새끼는 지금 건강하게 자라고 있지만, 나는 내심 바비 보호자에게 미안한 마음이 있었다. 새끼가 그렇게 된 것이 꼭 내 잘못만은 아니겠지만, 그래도 왠지….

이번에 한 번 더 새끼를 낳기로 했다. 질 세포 검사 후 잘생긴 수컷을 구해서 시집을 보냈다. 이번에도 임신이 잘 되었다. 임신 56일경, 엑스레이 촬영을 했다. 바비 뱃속의 새끼는 다섯 마리였다.

그런데 문제가 생겼다. 엑스레이 촬영을 하기 얼마 전, 바비 보호자가 교통사고를 당한 것이다. 바비 아빠는 양쪽 다리 인대가 끊어져 수술을 받고 5월 말에나 퇴원이 가능하단다. 바비 엄마는 바비 아빠 간병 때문에 병원 생활을 했다. 그러니 바비는 어쩔 수 없이 고모네로 가게 되었다. 고모네로 간 후, 바비는 성격이 좀 변했다. 짖지도 않고 우울해 보였다. 병원에 와서도 예전의 활기찬 모습은 보여 주지 않았다.

바비네 고모는 바비의 출산을 앞두고 걱정이 이만저만이 아니었다. 아마 개를 키운 경험이 많지 않아서 더욱 그런 것이리라. 그래서 분만을 이삼일 앞두고 병원에 위탁해 분만하기를 원했다.

사실 우리 병원은 분만 위탁을 거의 받지 않는다. 이유는 두 가지다. 첫째, 분만이 가까워지면서 예민해진 어미 개가 낯선 환경에서 더욱 스트레스를 받을까 염려해서이고 둘째, 내가 잠을 못 자기 때문이다.

게다가 진료가 끝난 후 개를 병원에 두고 갈 수가 없다. 보통 밤에 분만이 시작되는데다 혹시 어미 개나 새끼에게 문제가 생기면 안 되니까 집으로 데려가야 한다. 그런데 개가 그날 밤에 분만을 하느냐 하면 그렇지도 않다. 분만 예정일은 어디까지 예정일일 뿐, 예정일보다 빠를 수도 있고 늦을 수도 있다. 때문에 집에 데려가면 분만할 때까지 밤마다 개 옆에서 총(?) 들고 보초 서야 한다. 이런 상황이 사나흘 정도 계속되면…. 그래서 대개는 진통 시작하면 그때 전화하고 병원으로 오라고 한다. 그래도 시간이 충분하니까.

바비는 상황이 상황인지라 특별히 분만 위탁을 받았다. 그렇게 해서 바비는 나와 밤을 함께 보내게 된 것이다.

바비를 집으로 데려갔다. 이 녀석 몸무게가 보통이 아니다. 자기 몸무게에 새끼들까지 합하니 족히 10킬로그램은 됨직하다.

첫날 밤. 바비와 나의 첫날밤이다. 집에 도착해 내려놓으니 처음엔 약간 주춤하더니 이내 지역 정찰을 시작한다. 이 방 저 방 둘러보고 나와 아내, 아이들 얼굴도 한 번씩 쳐다보고. 곧 적당한 자리를 잡고 눕는다.

아내와 아이들은 안방에서 자고 바비와 나는 건넌방에서 자기로 했다.

불 끄고 눈 감고 막 잠들려고 하는데 이 녀석, 바닥을 박박 파 대는 거다. 음~~, 실눈을 뜨고 한번 봐 준다. '아직 낳을 때가 아닌데….' 다시 잔다. 깊이 잠들지는 못한다. 꼭 군대에서 5분 대기조 할 때의 기분이다. 그렇게 비몽사몽 첫날밤을 보냈다.

다음날 바비와 함께 병원으로 출근했다. 바비 엄마와 고모가 전화를 했다.

"바비 새끼 낳았어요?"

"아니요."

"그럼 오늘밤에도 부탁드려요."

"네."

낮에 낮잠을 잤다. 졸려서.

이틀째 밤.

'오늘은 낳겠지. 제발 낳아 주라. 밤에 진통하면 바로 병원으로 달려가서 분만 처리하고 고모네로 전화해서 바비를 보내고 자야지.'

바비 뱃속의 아가들이 드디어 움직이기 시작했다.

'나가고 싶어! 나 나갈래. 네가 먼저 나갈래? 내가 먼저 나갈 거야. 엄마, 문 좀 열어 줘.' 하듯이.

'앗싸! 곧 낳겠구나!!'

젖도 나오고 체온도 떨어지고 바비도 끙끙 진통을 하는 것 같고. 밤 12시가 넘도록 기다렸다. 나도 기다리고 아이들도 새끼 낳는 걸 보겠다고 잠도 안 자고 기다렸다. 그런데 안 낳네. 결국 기다리다 지쳐 잠을 자기로 했다. 오늘도 안방에서 쫓겨나 바비와 함께 건넌방에 누웠다. 바비의 끙끙대는 소리, 바닥 긁는 소리. 눕기는 했지만 잠도 안 오고 별 생각이 다 난다.

'수의사라는 게 그러네, 가족이라도 아무도 내 일 못 도와주고. 자기들 잠잔다고 나만 건넌방으로 쫓아내고…. 서럽다. 바비야, 이런 내 맘을 너는 알려나.'

이런저런 생각을 하며 곁눈질로 바비를 쳐다보니 바비는 '흥!' 하는 분위기. 역시 개는 나를 별로 안 좋아한다. 오죽하면 내가 기르는 개도 나를 싫어할까. 동물이 좋아서 수의사가 되고 싶은 사람이라면 알아야 한다. 수의사가 되면 좋아하는 동물들과 지낼 수는 있지만 정작 동물들은 자기를 싫어하게 된다는 것을. 수의사의 슬픈 운명이다. ㅠ.ㅠ

또 이렇게 비몽사몽 하룻밤을 보냈다. 아침이 되었다. 역시 간밤에도 안 낳았다. 진통을 제법 하는데… 어찌 된 것인가?

오전 9시! 화장실에서 힘주고 있는데 갑자기 딸이 눈을 동그랗게 뜨고 소리친다.

"아빠! 비바 똥꼬에서 뭐가 나왔어. 똥그래."

비바는 바비의 오타가 아니다. 애들은 바비를 마음대로 부른다. 비바, 버바, 비보, 바보 등으로.

드디어 태막이 나오는 모양이다. 빨리 움직여야 한다. 바비를 데리고 바로 병원으로 출근했다. 바비는 주기적으로 힘을 주기 시작했다. 태막이 보인 후 2시간이 지났다. 뭔가 이상하다. 멸균 장갑을 끼고 골반에 손가락을 넣었다. 골반강(골반은 항아리처럼 생겼는데 그 안쪽을 통해 새끼가 나온다.) 안쪽에서 새끼의 꼬리와 뒷다리가 만져진다. 미위(꼬리부터 분만되는 자세)이다. 두위(머리부터 분만되는 자세)라야 쉬운데.

다시 엑스레이 촬영을 했다. 새끼들이 상당히 커져 있었다. 슈나우저는 대개 분만 예정일보다 늦게 분만하는 경우가 많아 예상보다 새끼가 커지기도 한다.

수술을 하기로 했다. 전화로 고모와 바비 보호자에게 상황을 설명하고 수술에 들어갔다. 2남 3녀. 모두 건강한 우량아들이다. 새끼들을 한 자리에 모아 놓고 기념 촬영을 했다.

이렇게 오늘 오전이 마무리됐다. 그런데 왜 이리 졸리지?

뒷이야기

수술에는 좋은 수술, 슬픈 수술, 나쁜 수술이 있다.

좋은 수술은 꼭 해야 하는 수술을 했고, 수술 결과 동물의 상태가 양호한 것을 뜻한다. 보호자는 행복하고, 수의사는 보람을 느낀다. 오늘 바비의 수술처럼.

슬픈 수술은 꼭 해야 하는 수술을 했지만, 수술 후 동물의 상태가 좋지 않거나 생명을 잃은 경우를 뜻한다. 보호자는 슬퍼하고, 수의사는 몸 둘 바를 모른다.

나쁜 수술은 수술 결과와 상관없이 꼭 하지 않아도 되는 수술을 했을 때를 말한다. 수술 후 동물의 상태가 좋고 나쁨은 중요하지 않다. 이런 수술은 수의사의 호주머니만 불리는 것이고, 보호자는 수의사를 의심하거나 원망하게 된다.

명은 하늘의 뜻이니 슬픈 수술은 어쩔 수 없다 해도 나쁜 수술만이라도 없어지면 좋겠다.

세상을
바꾸는 작은 힘

| 2003 | 01 | 29 |

어제 충청북도 어딘가에서 교통사고를 당한 강아지를 데려오겠다는 한 고객의 전화를 받았는데, 오늘 그분이 강아지를 데리고 병원에 왔다.

왜 충청북도에서 서울까지 오게 됐을까.

이 고객은 서울에 거주하며 일주일에 한두 번 그쪽으로 출장을 가는데, 그때마다 들르는 식당 집 강아지를 데려온 것이다. 동물을 좋아하는 분이라 식당에 갈 때마다 강아지를 예뻐하며 잘 자라는지 지켜보고 있었는데, 지난주 월요일까지 멀쩡하던 녀석이 금요일에 가 보니 다리를 못 쓰고 있더란다. 주인에게 물어보니 교통사고가 났는데, 병원에 가서 외부 상처 치료만 했단다. 마음씨 좋은 착한 아저씨, 치료를 해 주고 싶어서 서울로 데려오게 된 것이다.

일단 육안으로 봐도 뒷다리를 전혀 쓰지 못했고 감각도 잃은 상태였다. 요추 부분(허리)을 손으로 만지니 뼈가 툭 튀어나온 느낌이다. 엑스레이 촬영을 했다. 척추 골절이다. 이 정도 손상이라면 회복 가능성이 전혀 없다고 봐야 한다. 강아지 나이는 이제 겨우 3개월령. 고민스럽다. 다행히 다른 장기들은 괜찮아 강아지는 잘 먹고 정신 상태도 좋고 대소변 배설도 어느 정도는 가능하다. 어떻게 해야 하나, 난감하다.

강아지를 데리고 온 분은 '동물사랑실천연합'이라는 단체의 회원이다. 동물사랑실천연합은 유기 동물이나 학대 받는 동물들을 구조해서 연계 병원을 통해 치료하고, 치료 후에는 잘 길러 줄 수 있는 집으로 입양을 보내는 일을 한다. 연계 병원은 단체에서 구조한 동물을 데리고 오면 건강이 회복될 때까지 치료하는 일을 담당한다. 단체 예산에 여유가 없으니 병원비는 거의 재료비 수준으로 청구한다. 이런 좋은 일을 조용히 하는 동물병원들이 서울과 경기도는 물론 다른 지방에도 몇 군데 있단다. 올해부터는 우리 병원도 연계 병원으로 참여하기로 했다.

혹 유기 동물 보호에 관심이 있는 분이라면 이런 단체에 가입하여 동물 보호 활동에 참가하는 건 어떨지. 연계 병원 활동을 함께할 수의사들도 많아졌으면 좋겠다. 봉사 활동이라는 것이 뭐 대단한 결심을 해야만 할 수 있는 건 아니라고 생각한다. 자신이 처한 상황에 맞춰 조그마한 힘이라도 보내면 되는 것 아닌가? 생업을 포기하고 그 일에 매달리는 분들도 있지만 모두가 그럴 수는 없는 일이고.

세상을 바꾸는 힘은 작은 노력에서부터 시작되는 것이다.

엽기적인 그녀?
✽아니, 그 아주머니

| 2003 | 02 | 14 |

언제부터인가 미○ 엄마가 병원으로 자주 전화를 한다.

"우리 미○가 자꾸 배도 아파하고 밥도 안 먹고 오줌도 잘 못 싸고 끙끙대는데 왜 그려어~~?"

"데리고 와 보세요. 엑스레이 촬영을 해 봅시다."

"그건 얼만데에~~?"

말끝을 약간 칭얼거린다. 좀 거북스럽게.

"○○○원인데요."

"비싸네에~. 그냥 체한 거 같으니 약이나 좀 지어 줘어~~~."

"……."

이러기를 수차례. 그러다 드디어 문제가 생겼다. 상태가 아주 심해진 것이다.

"이번엔 꼭 찍어 봐요. 돈 몇 푼 아끼려다 큰일 나겠어요."

"……."

설득 끝에 엑스레이 촬영을 했다. 방광 결석. 엄청 크다. 얼추 봐도 직경 4센티미터가 넘는다.

결석은 음식물이나 음수 등으로부터 섭취된 칼륨, 마그네슘, 인, 요산 등과 같은 미네랄 성분이 오줌 속의 단백질과 결합하여 생긴다. 결석을 구성하고 있는 미네랄 성분은 견종, 섭취한 음식물의 종류, 음수의 성분에 따라 다르다.

다른 방법이 없다. 수술을 하기로 했다. 배를 열고 방광에서 결석을 꺼냈다. 모양으로 보아 인산암모늄 성분의 결석이다. 수술도 무사히 끝났고, 현재까지 미○의 상태도 양호하다.

수술이 끝나고 미○ 엄마가 병원에 오셨다.

"결석 좀 보여 줘어~~."

"여기요."

방금 꺼낸 결석은 아직 촉촉하고 오줌에 절어 냄새도 나고 피도 조금 묻어 있었다. 그런데 미○ 엄마, 결석을 손톱으로 막 긁기 시작했다.

"그걸 왜 긁어요?"

"이거 우리 미○ 몸에서 나온 거 맞어어~~?"

"네." (웃으며)

"어떻게 이런 게 몸속에 있으까아~? 진짜 맞어어?"

"네. 맞아요. 왜요? 못 믿겠어요?" (약간 흥분해서 목소리에 힘 들어가기 시작한다.)

"요즈음 워낙 속이는 사람들이 많아서…."

"음…. (흥분해서 목소리가 안 나오기 시작한다.) 아니, 우리 병원에 다닌 지 5년이나 됐는데, 아직도 사람을 못 믿어요?"

"그럼." (날 똑바로 보면서)

이거 참, 내가 그 정도의 믿음도 못 준 건가? 내가 그렇게 믿음이 안 가나?

"그럼 이제부터 다른 병원 가세요." (좀 많이 화남.)

그런데, 그런데… 돌발 상황이 발생했다. '다른 병원 가세요.' 라는 말을 하는 그 순간, 이 아주머니, 갑자기 결석을 입으로 확 깨물었다. 결석은 아줌마 입 안에서 박살이 났다. 으…. 지리고 피도 아직 마르지 않은 것을 입으로….

난 그만 할 말을 잃었다. 너무 충격적이었다. 수의사 생활 9년 동안 이런 사건은 보지도 듣지도 못했다. 내가 그렇게 심약하고 예민한 성격은 아니다. 하지만 그날의 광경은 너무나 충격적이다.

그나마 나흘이 지난 지금, 그래도 좀 진정되어 이 글을 쓴다. 앞으로도 상당히 오랫동안 그날의 광경, 그 충격은 뇌리에서 지워지지 않고 나를 괴롭힐 것 같다.

아직 수술한 지 닷새가 지나지 않았다. 그래서 날마다 미ㅇ와 아주머니가 병원에 온다. 시간이 너무 더디다.

직업은 못 속여

| 2003 | 02 | 28 |

난 수의사다. 수의사는 동물을 치료하는 사람이다. 사람 말고 동물. 기본적인 의학 지식은 사람의 경우나 동물의 경우나 비슷하다. 따지고 보면 사람도 동물 아닌가? 나는 군대에서 3년 간 의무병으로 근무하면서 사람들에게 주사나 기타 치료를 한 경험도 있다. 의무병 생활이 복학 후 수의학 전공 공부에도, 졸업 후 수의사로 일하는 데도 많은 도움이 됐다.

아내는 약사다. 약사는 사람에게 약을 지어 주는 사람이다. 동물 말고 사람. 그런데 우리나라에서는 약사가 동물 약에 대한 권한도 가지고 있다. 약도 기본적으로는 동물의 약이나 사람의 약이나 비슷하다. 몇 가지만 빼고. 그래서 아내는 나의 수의사 생활에 많은 도움을 주고 있다.

우리 집 아이들은 그냥 '꼬마'다, 아직은…. 앞으로 뭐가 될지는 모르겠다. 뭐든 열심히, 즐겁게 할 수 있는 직업을 선택하면 좋겠다.

가끔 아이들이 아플 때가 있다. 아프면 (사람이 다니는) 병원에 가서 치료를 받는다. 처방전이 나오면 아내는 처방전을 살피며 이 병원 의사 선생이 약을 잘 쓰는지 아닌지를 판단한다. 그게 약사의 업무니까.

가끔 그 약을 내가 먹여야 할 때가 있다. 둘 다 일을 하니까. 문제는 지금부터다. 나는 수의사라 동물에게 주사하고 약도 먹인다. 그 생활을 9년 정도 하다 보니 아이들에게 약 먹일 때도 강아지에게 약 먹이듯이 한다. 맛있는 음식에 섞어 주거나, 입을 벌려서 부어 넣거나…. 직업병이다. 아이들은 약 주면 자기들이 알아서 먹는데.

며칠 전부터 딸아이가 변을 시원하게 보지 못한다. 밥을 워낙 적게 먹으니 변이 장에 오래 정체되어 변비가 생긴 모양이다. 밤 11시, 아이가 울면서 배가 아프다고 하니 아내가 하는 말.

"아빠 병원에 가서 엑스레이 찍어 보고 와. 변이 얼마나 찼는지 보게."

동물병원에서 사람 엑스레이도 찍냐고? 당연히 찍을 수 있다. 법적으로 찍어도 되는지 안 되는지는 모르겠지만, 돈 받고 찍는 것도 아닌데 뭐…. 수의사가 사람 복부를 엑스레이로 찍고 읽을 수 있냐고? 아까 말했잖은가. 사람도 동물이라고. 그래서 찍었냐고? 안 찍었다. 밤 11시에 병원에 다시 나가 엑스레이 찍고 싶겠나?

관장을 하기로 했다. 관장약을 두 개 사 왔다. 아내가 나보고 관장약을 넣으란다. 아이를 엎드리게 했다. 엉덩이를 쳐들게 하고 항문에 관장약을 넣었다. 잘 안 들어간다.

"힘 좀 빼라…."

아이는 아프다고 울어 댄다. 진땀 난다. 강아지보다 아이 관장하는 게 더 힘들다는 생각을 한다. 이때 아내가 이 광경을 보고 냅다 소리친다.

"아니, 관장을 왜 그렇게 해? 그렇게 하면 항문에 힘이 들어가 얼마나 아픈데…."

나도 지지 않고 말한다.

"그럼 이렇게 하지 어떻게 해!" (속으로는 '내가 관장을 해 봤어도 당신보다 많이 해 봤다.'고 외치며.)

"아니, 동물은 그렇게 하는지 모르겠지만, 사람은 옆으로 눕혀서 해야 항문에 힘이 안 들어가 아프지 않게 할 수 있단 말이야."

"……."

그럼 처음부터 그렇게 하라고 했어야지!

어쨌든 난 수의사다. 그래서 아이들 관장도 엎드린 자세로 시킨다.

뒷이야기

혹시 개를 키우는 의사가 있다고 치자. 만약 개가 똥을 못 싸면 그 의사는 개를 옆으로 눕힌 후 관장약을 넣을까? 그거 힘들 텐데. 혹시 그 의사 아내가 수의사라면 나처럼 욕 좀 먹겠다. ^^

소꿉놀이 대신
동물병원 놀이

| 2003 | 06 | 13 |

우리 집 아이들은 딴 집 아이들은 절대 하지 않는 놀이를 하며 논다. 동물병원 놀이. 병원 놀이가 아니다. 동물병원 놀이다.

딸은 수의사. 아들은 보호자. 집에 있는 인형들은 아픈 동물.
딸 : 해피 데리고 들어오세요.
아들 : (인형을 가슴에 안은 채) 네.
딸 : 어디가 아파서 왔어요?
아들 : 설사를 해요.
딸 : 그럼 체온을 재 볼까요? 똥꼬 좀 보여 주세요. (젓가락이 체온계다.)
아들 : 안 아파요?
딸 : 수술해야겠어요. 데리고 들어오세요. (장롱으로 들어간다. 수술실이란다.)
아들 : 잘 해 주세요.

뭐, 이런 식이다. 가끔 병원에 놀러 와서 주위를 왔다 갔다 하더니 좀 주워들은 건 있는 모양이다.

꼭 병원에 가야 해요?

가끔 고객으로부터 이런 전화를 받곤 한다.

"강아지 피부에 뭐가 났는데 피부병인가요?"

"지난번에 병원에서 받은 연고가 아직 남아 있는데 그거 바르면 되나요?"

"꼭 병원에 가야 돼요?"

참 답답하다. 다른 질병도 그렇지만 피부 질환 역시 그 원인에 따라 증상과 병변(병이 진행되는 과정에서 나타나는 국소의 변화)의 특징, 치료 방법 등이 매우 다양하기 때문이다.

피부 질환의 원인은 많다. 세균, 곰팡이, 기생충, 알레르기, 스트레스, 생활 습관이나 사육 환경, 면역성, 유전성, 선천성, 바이러스, 영양성, 호르몬, 내과적 질병 등등.

질병의 원인에 따라 다르지만 주로 다음과 같은 증상이 나타난다. 탈모, 피모가 거칠어짐, 발적, 가려움, 분비물이 나옴, 피부가 얇아짐, 피부가 딱딱해짐, 피부 색깔 변화, 수포, 농포, 각질(비듬) 형성, 고약한 냄새, 특정 부위를 핥음 등등. 다시 말해서 이처럼 정상적이지 않은 증상이 보이면 피부 질환을 의심해야 한다는 뜻이다.

병원에서 제일 자주 만지는 주사기. 저 작은 양의 약제에 동물을 살리는 힘이 있다. 하지만 충분히 공부하지 않고 함부로 사용하면 반대로 생명을 잃어갈 수도 있다.

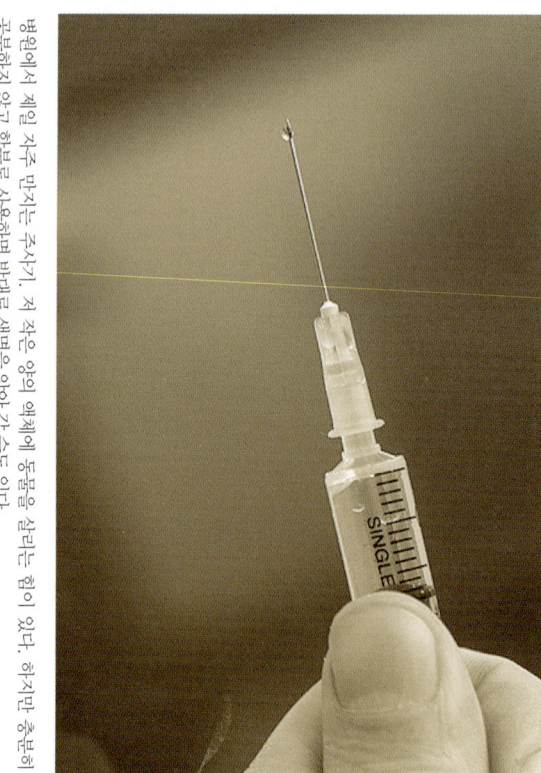

이런 증상으로 동물이 내원하면 수의사는 보호자에게 그 동물의 기왕력(전에 앓았던 질병의 내용)을 듣고 피부의 상태를 관찰한 후 여러 가지 검사를 통해(필요할 때만) 질병의 원인을 알아내려고 최선을 다한다. 각 질병마다 피부에 나타나는 병변이 다른 양상을 띠고 있어서 병변 관찰로 어느 정도 진단 방향을 잡을 수도 있지만, 보다 정확한 진단을 위해 많은 검사 방법들이 동원되는 것이다. 정확한 진단이 나오면 치료에 들어간다.

자, 치료는 물론 수의사의 몫이다. 그러나 기르는 동물이 피부병에 걸리지 않도록 관리하는 것은 보호자의 몫이다. 병원 고객들에게 항상 강조하는 말인데, 병 걸린 후 치료를 잘 해 주는 것보다 예방을 철저히 하는 데 신경 쓰자! 병에 걸리면 동물도 고생하고 보호자도 고생한다.

간단한 피부병도 있지만, 일단 발병하면 장기 치료를 요하는 피부병도 많다. 치료를 하는 동안 보호자가 성격이 급하거나 너무 바빠 제때 내원하지 못하는 경우에는 치료에 진전이 없거나 때에 따라 더 악화되는 수도 종종 있다. 그동안 동물이 받는 고통이란….

어떻게 하면 피부 질환을 예방할 수 있을까? 양질의 영양 공급, 정기적인 털 관리, 정기적인 검진. 이게 전부다.

피부는 영양에 따라 상태가 좌우된다. 좋은 먹이를 먹이고, 피부에 좋은 영양제 등을 정기적으로 공급하면 피부와 피모에 탄력과 윤기가 생기고 병에 대한 피부 저항력이 강해진다. 요즘 시판되는 사료가 워낙 많아 어떤 것을 선택해야 하는지 고민하는 분들도 많은데, 프리미엄급 사료를 선택하는 게 가장 좋다. 절약한다고 몇 천 원 싼 사료를 샀다가 치료비가 몇 배 더 들기도 한다. 피부병 예방 및 치료에 있어 양질의 영양 공급은 특히 내가 강조하는 부분이다.

또 정기적으로 털을 손질해야 한다. 동물의 미용은 꼭 모양을 예쁘게 하려고 하는 게 아니다. 날마다 빗질을 해 주어 털이 엉키지 않도록 하고 발톱 손질, 귀 청소, 이 관리 등을 철저히 해서 몸을 청결히 유지하면 피부병이나 기타 질환을 예방할 수 있다. 한마디로 보호자가 부지런해야 한다는 뜻이다.

마지막으로 정기적으로 검진을 받아야 한다. 동물에게 발생하는 질병의 징후를 조기에 발견하기는 쉽지 않다. 그러니 조금 이상해도 그냥 좋아지겠지 하다가 병이 깊어진 후 내원하는 보호자들이 많다.

병원이라는 곳이 즐겁게, 기꺼이 가고 싶은 곳이 아니라는 건 잘 안다. 그래도 산책하다가라도 잠깐 들러 정기적으로 검진을 받는 것이 좋다. 특별히 문제가 없으면 기본 진료비 정도만 부담하면 된다.

교수님, 진짜 다 외웠어요!

웹 서핑을 하다가 미국 하버드 대학의 도서관 풍경을 찍은 사진을 발견했다. 이 사진을 보니 문득 학창 시절이 생각난다.

수의학과 공부란 게 참 만만치가 않았다. 지금 생각해도 내가 어떻게 졸업을 했는지 의심스러울 정도다. 아마 그때는 지금보다 머리가 좀 잘 돌았나 보다.

지금은 수의과 대학이 6년제이지만 그때는 4년제였다. 1학년 때는 주로 교양 과목을 이수하고 2학년 때부터 본격적으로 전공 과목을 배운다. 그래서 1학년 때는 적당히 놀다가 2학년 때부터는 전공 과목을 배우니 마음을 다잡고 나름대로 전의를 불태웠다.

수의학과 교수님들은 왜 그리 수시로 시험을 치는지. 아마 첫 번째 수시 시험이 생리학 시험이었던 것 같다. 교과서 처음부터 100페이지까지가 시험 범위였다. 향학열에 불타 있던 나는 강 모 군과 함께 공부를 하기로 했다.

"야! 우리 첫 시험이니까 뭔가를 보여 줘야 하지 않겠냐?"

"그래. 뭔가를 보여 주자. 그런데 뭘 보여 주지?"

"시험이 2주 남았으니까 100페이지까지 다 외워 버리자."

2주 동안 거짓말 안 하고 100페이지를 모두 외웠다. 토씨 하나 틀리지 않고. 둘이서 뭔 정신으로 그랬는지 참. 정말 무모한 놈들이었다. 지금 하라면 죽어도 못했을 그 대업을.

드디어 시험 날. 시험 문제를 받아 들었다. 입에서는 씨익~ 회심의 미소. 우리는 서로의 눈을 바라보며 둘만이 아는 미소를 교환했다.

시험 잘 봤냐고? 물론 기막히게 봤다. 완벽한 답안.^^ 성적은 잘 나왔냐고? C 받았다.

성적이 발표된 날, 우리는 눈을 의심했다. C라니! '슈퍼 울트라 초특급 A$^+$'를 받아도 시원찮을 판에 C라니! 이건 뭔가 잘못된 거야!

교수님을 찾아갔다. 시험지를 보고 싶다고. 그러자 교수님이 이름을 물어봤다. 누구누구라고 하니 교수님 말씀.

"무감독 시험이라는 것은 학생과 교수의 믿음이 중요한 거라네. 아무리 공부를 안 했어도 책을 그대로 베껴 쓰면 안 되는 거네."

"아닙니다, 교수님. 저희는 100페이지까지 책을 전부 외운 것입니다."

"그래? 그럼 한번 외워 보게."

"……."

미칠 노릇이다. 시험 본 후 성적이 나올 때까지 일주일이 지났다. 시험 공부 하면서 외운 내용은 시험지를 제출하는 순간 잊어버리지 않는가? 남은 기억을 억지로 되살려 더듬거리면서 외웠다. 절대로 그때처럼 '줄줄줄' 외울 수는 없었다. 결국 성적은 C로 굳었다.

첫 시험의 실패로 큰 교훈을 얻은 우리. 아, 공부는 그렇게 하는 게 아니구나! 얼마나 무식한 방법이었던가? 방법을 바꾸자. 예상 문제를 뽑아서 완벽한 답안을 만들고 그걸 달달달 외우는 거야. 혹시 예상 문제가 빗나갈 수도 있으니 여러 방향으로 다양하게 만들어야겠지. 나름대로 과목을 치밀하게 분석해 5배수 이상의 예상 문제와 답안을 만들어 암기를 시작했다.

시험 날, 시험지를 받았다. 이럴 수가! 헛다리 짚었다! 예상 문제가 단 한 개도 안 나왔다! 아니, 출제 형식 자체가 내가 예상한 방향과 180도 달랐다. 운명은 이렇게 가혹한 것인가? 자라나는 새싹의 기를 이렇게 짓밟다니. 이 상황을 어떻게 극복해야 하나.

'교수님께. 저는 정말 열심히 공부했습니다. 나름대로 이런저런 공부를 했습니다. (지금까지 공부했던 것들에 대한 눈물겨운 호소를 했다.) 그런데 상황이 이렇게 되어 피치 못하게 편지를 쓰게 되었습니다. 그동안 공부한 게 아까워서 지금부터 제가 공부했던 내용들을 써 보겠습니다. 부디 선처를 바랍니다.'

이런 내용을 담은 편지와 함께 내가 외운 5배수 예상 문제와 답을 써서 교수님께 제출했다. 일주일 후에 성적이 나왔다. C!

그 후 수업 시간에 교수님이 하신 말씀.

"진짜 불쌍한 놈 하나 있다." ㅠ.ㅠ

스컬리와
파괴지왕

| 2004 | 11 | 19 |

올해 병원에 새로운 식구들이 들어왔다. 오늘은 그 새로운 스태프들 중 두 사람 이야기를 하려고 한다. 지금도 함께 일하고 있는 사람에 대해 이야기하는 것이 좀 '거시기' 하지만.

일하다 보면 그 사람의 성격이나 행동 방식, 어투 등에 걸맞는 별명이 생긴다. 우리 병원 스태프들 역시 그에 어울리는 별명이 하나씩 생기기 시작하고 있다. 내 별명은 절대 말할 수 없고.

자, 이제 스컬리와 파괴지왕에 대해 이야기를 시작한다.

스컬리

스컬리는 인기 외화 시리즈 〈X 파일〉의 여주인공이다. (〈X 파일〉은 영화를 좋아하는 내가 두 번째로 좋아하는 시리즈물이기도 하다.) FBI 요원인 스컬리는 의학 전공자답게 과학적인 지식과 증거, 분석에 의해 사건을 해결하는 캐릭터이다. 전설, 미신 등 비과학적인 요소와 외계인을 믿고, 자신의 본능적인 판단에 따라 사건을 해결하는 멀더 요원과 팀을 이루어 'X 파일' 사건을 풀어 나가는 당찬 여성이다.

우리 병원 수의사 서 모 선생의 별명이 바로 스컬리이다. 실력 있고, 공부를 좋아하고, 내원한 고객에게 조목조목 논리적이고 설득력 있게 질병에 대해 설명하고, 동물을 치료할 때도 역시 같은 모습을 보이는 여수의사이다. 상당히 지적으로 보이기도 했고. ('했고'라는 데 주의하라.^^ 아니, 지금도 그렇게 보인다. 하지만 가끔은….) 내과를 전공했는데, 대학병원을 비롯한 좋은 병원에서 오랫동안 근무해 실력이 뛰어나다. 특히 고양이 진료를 잘한다. (앞의 '했고'를 만회하기 위한 멘트.^^)

서 선생이 왜 스컬리인가. 진료를 할 때 책에 나오지 않는 방법은 인정하지 않는다. 과학적으로 해석되지 않는 치료 방법은 인정하지 않는 것이다. 영락없는 스컬리이다. 그래서 멀더인 나와 가끔 의견 충돌이 일어나기도 한다. (내가 원장이기는 하지만 알다시피 별로 힘 없는 원장이 아닌가. ㅠ.ㅠ) 한참 이야기를 하다가 감정이 극에 달하면 내가 한마디 하고 나간다.

"멀더 바래 스컬리!" (썰렁하다. -_-;;)

파괴지왕

원래 파괴지왕이라는 별명을 가진 사람은 스컬리 서 선생이었다. 그런데 새로운 스태프가 그 별명을 채 갔다. '파괴지왕'은 나에게는 정말 슬프고도 가슴 아픈 사연이 있는 별명이다. 사연은 이렇다.

나 혼자 있을 때는 병원의 각종 물품, 치료 기구, 검사 기구 등이 망가지거나 부서지거나 고장 나는 일이 거의 없었다. 그런데 웬일인지 스태프들이 늘어나면서 그런 일들이 많아지는 거다. 물론 여러 사람이 사용하다 보면 그럴 수밖에 없다는 것은 알지만, 나로서는 엄청나게 슬픈 현상이 아닐 수 없다.

그런데… 그런데… 이상하게 꼭 서 선생이 뭔가를 만지면 바로 그때 고장이 나는 것이다. 물론 일부러 그런 것이 아니라 우연히 시간이 딱 맞아떨어져서 그렇겠지만, 좀 이상하지 않은가? 왜 꼭 서 선생인가 말이다.

그런데 우리 병원에 모 간호사가 들어오면서부터 파괴지왕이라는 별명은 서 선생에서 모 간호사에게로 넘어갔다. 서 선생은 단순 고장 수준이지만 모 간호사는 파괴 수준으로 업그레이드됐다. 아, 나날이 업그레이드되는 동물병원이다. 휴~~~~.

내가 이 자리에서 파괴지왕이 파괴한 기구가 새로 구입한 인큐베이터, 백혈구 검사 기구라고 일일이 말하는 쫀쫀함은 보이지 않겠다. 이렇게 파괴지왕인 모 간호사를 미워할 수는 없는 것은 자신의 역할에 너무나 열심히 최선을 다하는 모습이 보이기 때문이다. 아파서 내원한 강아지들을 눈물을 흘리면서 간호하고(진짜 운다. 눈이 뻘개져서 닭똥 같은 눈물을 뚝뚝 흘린다.), 하루 종일 이리저리 종종거리며 열심히 일하는 모습 때문에 파괴 행위를 해도 용서가 된다.

그나마 다행인 것은 심각하게 비싼 물건은 파괴하지 않는다는 거다. 가만히 보면 머리는 좋은 것 같다. ^^

"모 간호사! 앞으로도 싼 것만 파괴해요! 그럴 거죠?"

사람 수술과
✹ 동물 수술은 다르다?

| 2004 | 12 | 01 |

병원 홈페이지에 동물을 수술할 때도 사람처럼 그렇게 정교하게 하는지 질문이 올라왔다.

답은 간단하다. 그렇다. 다른 게 있다면 수술 대상이 다르고, 사람 수술은 큰 수술방에서 많은 의료진이 협력해서 하지만 동물 수술은 한두 명의 수의사가 한다는 것(요즈음 큰 동물병원에서는 여러 수의사가 협력해서 수술을 하는 경우도 많다.), 그리고 사람의 경우 수술비가 꽤 비싸고 수의사가 아닌 의사가 수술한다는 것 정도다.

수술 전, 가끔 혈액 검사 등을 해야 할 때가 있는데(마취 시 안전을 위해) 보호자를 설득하는 것이 만만치 않다. 사람은 조금만 아파도 이것저것 검사를 하지 않는가. 병원에 가서 접수를 하고 의사 선생님에게 진료를 받으면 검사 의뢰서에 이것저것 검사하라고 체크해 준다. 엑스레이, 초음파, 혈액, MRI, CT 등. 그럼 진료 받는 사람은 필요하니까 받으라는 거구나 하면서 별 생각 없이 이것저것 검사를 한다. 검사비는 당연히 진료비와는 별도로 청구되는 것이고. 검사 결과가 나오면 이를 종합해서 의료진들은 환자의 질병을 진단하고 치료한다. 이런 여러 검사 결과를 놓고도 질병의 진단이 어려운 경우가 많다. 그렇지 않은가. 사람의

미니핀 '짱순'. 짱가라는 강아지와 함께 내원했다. 짱가는 촬영에 협조적이지 않아 짱순이만 찍었다. 동물 사진 찍는 거 참 어렵다.

경우는 그렇다.

그런데 동물병원에서는 어떤가? 동물의 질병은 사람의 질병보다 단순하고, 수의사는 개의 얼굴만 보고도 무슨 병인지 알아야 하고, 무슨 병인지 정확히 이야기해 주지 않으면 돌팔이라고 생각하는 사람들이 아직도 많다. 수의사로 일하면서 난처할 때가 그럴 때다. 동물은 아픈데 정작 보호자는 꼭 필요한 검사조차 돈 드니까 하지 말자고 하면서도 치료는 해 달라고 한다. 내가 설명을 잘 못해서 그런 건지, 보호자 눈에는 내가 이것저것 막 검사해서 진료비를 높이려고 하는 걸로 보여서 그런 건지는 모르겠지만, 이런 일을 자꾸 겪으면 갈수록 의기소침해진다. 자신감도 없어지고…. 정말 문제다.

사람을 수술하는 것이나 동물을 수술하는 것이나 기본적으로 차이가 없듯이, 사람을 진료할 때 필요한 검사나 동물을 진료할 때 필요한 검사 역시 기본적으로 차이가 없다. 요즈음에는 대형 동물병원도 많아지고 그만큼 시설도 좋아져서 이런저런 검사를 하고 그 결과를 분석할 줄 아는 선생님들도 많아졌다. (또 작은 동물병원이라 하더라도 필요한 검사를 의뢰할 수 있다.)

그러나 보호자가 검사의 필요성을 알고, 수의사가 적정한 검사를 권유할 때 명쾌히 승낙해야 고가의 검사 장비도, 유능한 수의사도 빛을 발한다.

동물병원의 진료 수준은 수의사와 고객이 함께 만들어 가는 것이다.

방울이 이야기

| 2005 | 02 | 16 |

방울이. 스쯔, 거세된 수컷, 두 살로 추정됨.

방울이는 작년 봄에 병원 식구가 되었다. 사연인즉….

작년 봄 어느 날, 중년의 아저씨가 병원으로 들어왔다. 어디서 한잔 했는지 얼큰하게 취해서 술 냄새를 풍풍 풍기면서 내민 녀석이 방울이 였다.

"이 강아지가 길거리에 쓰러져 있어서 데려왔수."

진찰해 보니 다른 곳은 이상이 없었고 우측 뒷다리 대퇴골이 완전 골절된 상태였다. 아마 혼자 집을 나왔다가 교통사고가 나서 움직이지 못하고 있었던 모양이다. 상황을 설명하고 수술을 해야 한다고 이야기를 했다.

"내가 술 깨면 수술비 가지고 데리러 올 거니까 수술해 주슈!"

아저씨는 이 말 한마디 남기고 갔다, 아주. 당연히 연락도 안 되고. '아주'란 말은 가서 아주 오지 않았다는 뜻이다. 술 깨서 온다더니. 이 아저씨가 술 깬 후 어제 일을 기억하지 못해서 안 오는 것인지, 아니면 술 깨고 나서 생각해 보니 일면식도 없는 개 치료비 낼 상황이 아니어서 안 오는 것인지, 자기 강아지였는데 버리고 간 것인지 나는 아직도 모른

다리가 부러진 채로 버려진 '방울'이. 병원에서 수술 받은 후 일 년 가량 병원에서 함께 생활하다가 최근 좋은 보호자에게 분양되었다. 방울아, 행복해야 한다.

다. 어쨌든 방울이는 보호자 없는 유기견이 되어 버렸다.

그 후 방울이는 수술을 받고 회복되었고, 벌써 일 년 넘게 우리 병원에서 생활하고 있다. 좋은 보호자가 있으면 보내련만.

병원에는 이런 일이 종종 있다. 유기견 문제야 늘 있어 왔지만 특히 지난 IMF 때 유기견이 많이 생겼고, 작년부터 경기가 나빠지면서 부쩍 더 늘어나기 시작했다.

병원 입장에서는 유기견 문제가 상당한 골칫거리이다. '동물병원이라면 유기견들을 당연히 무료로 치료해 주고 새 주인을 찾아 주어야지.' 하는 생각을 가진 사람들이 상당히 많다. 물론 동물병원을 운영하는 수의사들 중에는 자신의 돈과 시간과 노력을 들여 가며 기꺼이 이런 일을 하는 분들도 있다. 하지만 동물병원에서 그런 일을 하지 않는다고 비난하는 것은 문제다.

우리나라의 유기견 관리 시스템은 이렇다.

발견 – 신고 – 인도 – 보호 – 분양 또는 안락사

발견

누군가가 유기견이나 사고 당한 강아지를 발견하면 가까운 동물병원이나 119, 경찰서 등에 신고를 한다. 간혹 직접 병원에 데리고 와 치료를 하거나 본인의 집에서 기르는 사람들도 있다.

신고

우리나라는 각 구청마다 유기 동물을 담당하는 곳이 있다. 유기 동물을 발견한 행정 구청 민원실로 전화하면 된다. 동물병원에 연락해도,

119에 연락해도 결국은 그쪽으로 연결된다.

인도
유기 동물은 구청과 계약된 동물 관련 협회에서 데려간다.

보호
인도된 유기 동물은 그 단체의 보호 시설에서 약 한 달 정도 보호를 받는다.

분양 또는 안락사
보호 기간 중에 다행히 본래 보호자가 찾아가는 경우도 있지만 아주 드물고, 새로운 집에 분양되는 경우도 있다지만 이 역시 아주 드물다. 대개는 안락사된다고 한다.

"안락사라고? 무슨 소리야!" 하면서 분노하는 분도 있을 것이다. 하지만 현실적으로 보자. 한 달에 보통 천 마리 내외(정확한 통계는 모르겠지만 이 정도라고 들은 기억이 있다.)의 유기 동물이 보호 시설로 들어온다고 하는데, 모든 유기 동물들을 수용할 만한 공간도 인력도 재정도 부족한 상황이라고 한다. 그래서 남은 방법은 안락사뿐. 안타깝지만 현실이다. 그래도 안락사를 반대할까?

안락사를 반대하는 것보다는 유기 동물 발생을 억제하는 것이 더 효과적인 방법이 아닐까. 유기 동물이란 보호자가 없는 동물이다. 주인이 버렸거나 집을 나온 후 못 찾아간 녀석들이 대부분인 것이다. 그럼 답은 나왔다. 버린 주인을 찾아 책임을 묻거나 집을 찾아 주면 된다.
 말은 쉽지, 그걸 어떻게? 그래서 나온 정책이 '동물등록제'이다. 동물을 키우려면 등록을 하도록 하는 것이다. 이 제도는 동물을 기르는 사람들에게 책임감을 높이는 동시에 유기 동물들의 'come back home' 확률을 높이는 방법으로 여러 나라에서 실시하고 있다.
 우리나라도 2006년부터 동물등록제가 실시되고 모든 등록 동물은 전자칩 색인을 하게 된다고 한다. 부디 이 제도가 효과적으로 실행되어 원하는 효과를 얻을 수 있길 바란다.

수의사는 무엇으로 사는가

| 2005 | 05 | 01 |

소동물 임상 수의사 생활을 한 지도 11년이 넘어가고 있다. 그동안 이런저런 일도 참 많았는데, 수의사로 살면서 제일 언짢고 힘들고 기운 빠지게 하는 일이 있다면 바로 '불법 진료'라고 말하고 싶다. 이는 나뿐만 아니라 다른 수의사들도 마찬가지일 거라고 생각한다.

불법 진료. 한마디로 수의사 자격이 없는 사람이 동물을 치료하는 것이다. 수의사법으로는 동물병원을 개설하지 않은 수의사의 진료도 불법으로 정하고 있다. 하지만 우리나라는 누구나 수의사! 한다.

"내가 개를 10년이 넘게 키워 봤어. 그래서 웬만한 병은 다 고칠 줄 알아. 동물병원? 거기 뭐 하러 가나? 가면 비싸기만 하고 병도 못 고치고. 나한테 와. 내가 수의사보다 나아."

이렇게 큰소리치는 아저씨들….

보호자에게 병의 원인, 진단 과정, 치료 과정을 열심히 설명했더니 기껏 한다는 말.

"우리 옆집 아저씨는 그렇게 안 해도 된다던데요?"

"예방접종 하셨어요?"라고 물어보면 "옆집에 개 많이 키워 본 아저씨가(혹은 강아지 판 가게에서) 다 맞췄어요." 이러는 보호자들.

이 외에도 갖가지 이야기들이 많다. 이런 이야기를 듣거나 수의사인 내 얼굴에 대놓고 이런 말을 하는 보호자를 대하노라면 마음이 답답해진다. 이 상황을 어떻게 해석해야 하나? 수의사의 진료가 그렇게 쉽고 만만해 보이나? 수의사들이 이런 말을 들을 정도로 전문성과 실력이 없어 보이나?

물론 이런 상황이 벌어지게 된 데에는 복합적인 이유가 있을 것이다. 세상 모든 일들이 그렇듯이 문제는 한두 가지 원인 때문에 발생하는 것이 아니니까. 우리나라에서 불법 진료가 만연한 원인에 대한 내 나름의 결론은 다음과 같다.

생명 경시 풍조!

동물의 생명은 사람의 생명에 비해 하찮고 사람의 의지에 따라 아무렇게나 해도 된다는 생각! 많은 사람들이 동물의 권리에 대해서도 인식하고 있다지만 동물을 좋아하지 않는 사람들은 그렇지 않은 것 같다.

'그깟 강아지 한 마리 아프다고 웬 호들갑이냐? 아프면 버리고 새로 사면 되지, 그 비싼 병원비 들여 가며 뭐 하러 치료해? 개 값보다 병원비가 훨씬 비싸겠다. 그냥 대충 해. 죽으면 말고.'

이렇게 생각하는 분들…, 대책 없다.

"내가 강아지를 10년 넘게 수백 마리 키워 보니까 이제 어지간한 병은 고치겠더라고. 처음엔 뭘 몰라서 동물병원에 데리고 갔는데, 가만히 보니까 항생제 몇 방 놓고 그러니까 다 낫더라고. 너도 알다시피 내가 눈썰미가 좀 있잖아. 병원 갈 때마다 치료하는 걸 눈여겨봤지. 이제 나도 수의사나 마찬가지야. 아프면 괜히 돈 들이지 말고 나한테 와."

이러는 사람들. 표현이 좀 거칠지 모르지만 수의사 면허증, 고스톱 쳐서 딴 거 아니다. 대학 시절 6년 내내 동물의 질병에 대해 공부하고 시험 치르고, 졸업하고도 계속 공부한다. 흔히 동물의 질병이 사람의 질병에 비해 단순하다고 생각하는데 절대 그렇지 않다. 무식하면 용감하다. 생명을 경시하니 '치료하다 죽으면 그만이고' 하는 무모한 생각으로 용감하게 불법 진료를 하는 것이다.

좀 심각한 병이다 싶으면 수의사는 보호자에게 이런저런 검사를 하자고 한다. 검사 결과가 나온 후에도 병에 대해 속 시원히 말하지 않고 그저 '경과를 지켜보면서 열심히 치료해 보자.'고만 한다. 보호자 입장에서는 답답하리라는 건 안다. 하지만 '의원은 병을 두고 다짐을 하지 않는다.'는 말도 있지 않은가? 책임을 회피하려는 비겁한 변명이 아니라, 생명이라는 것이 사람의 의지대로 죽거나 사는 것이 아니라는 걸 알기에 열심히 치료하고 결과를 지켜보자는 뜻으로 하는 말이다. 그런데 얄팍한 속셈으로 불법 진료를 일삼는 사람들은 참으로 속 시원하게도 병명은 물론이고 살 수 있는지 없는지까지도 자신 있게 말해 준다. 보호자 입장에서는 그게 더 믿음직한가 보다.

법적인 문제도 있다. 우리나라는 법적으로 자가 진료를 허용하고 있다. 자기 소유의 동물은 자기가 치료해도 합법이란 이야기다. 이상한 법이다. 의사가 아닌 사람이 자기 아이가 아픈데 집에서 조용히 치료하면 불법이다. 말하자면 내 자식이 아프면 꼭 병원에 가서 치료해야 하고, 개는 아이 먹던 약 남은 걸로 대충 치료해도 된다는 거다. 사람의 생명만 소중하고 동물의 생명은 뭐 그다지 중요하지 않다는 걸까?

일반인도 동물 약품을 구할 수 있다. 동물 약품을 파는 곳에서는 돈만 주면 뭐든지 다 판다. 예방접종 약이든 항생제든 호르몬제든 뭐든지 살

수 있다. 그러니까 동물병원에 갈 이유가 없는 것이다. 약품에 대한 전문 지식 없이 함부로 약을 사용하면 동물에게 더 나쁜 영향을 미친다는 건 생각도 하지 않는다.

이런 약물 남용은 동물뿐 아니라 사람에게도 문제를 일으킨다. 산업용 동물(소, 돼지, 닭 등)을 기르는 농장에서 과도하게 남용한 항생제는 이 동물의 고기를 먹는 인간의 몸에 축적되어 항생제 내성을 일으키고 슈퍼박테리아 생성을 야기시키는 등 무서운 사회 문제가 되고 있다. (이는 새로운 사실도 아니다.)

가끔 집에서 자가 치료를 하다가 도저히 안 되어 어쩔 수 없이 내원하는 동물들이 있다. 얼마나 오랜 기간, 얼마나 강한 항생제를 썼는지 치료하기가 아주 힘들다. 함부로 쓴 항생제 때문에 항생제 내성이 생겨 듣는 약이 없는 것이다.

물론 동물병원이나 수의사도 문제가 없는 건 아니다. 충분한 수련을 거치지 않고 개업을 한 수의사, 직업 윤리에 충실하지 않은 수의사, 과잉 진료 등으로 보호자에게 상처를 주는 수의사도 있다. 이런 수의사들 때문에 보호자들이 수의사와 동물병원을 불신하는 경우도 종종 봤다. 어느 집단이든 나쁜 사람은 있게 마련이다. 하지만 이런 수의사들은 극히 일부에 불과하다.

때로는 이런 이야기들을 구구절절 늘어놓기도 하고 보호자들을 설득하기도 하지만, 아직도 갈 길이 참 멀다. 대한민국에서 수의사로 산다는 것이 많이 힘들 때가 있다.